새번역 밑글씨

쓰기성경®

잠언 · 전도서

| 필 사 자 |

| 시 작 한 날 | 년 월 일

| 마 감 한 날 | 년 월 일

AGAPE
[주]아가페출판사

새번역 밑글씨 쓰기성경® 쓰기표

잠 언	(잠)	1	2	3	4	5	6	7	8	9	10	11	12	13	14	15	16	17	18	19	20	21	22	23	24	25	26	27	28
		29	30	31																									
전 도 서	(전)	1	2	3	4	5	6	7	8	9	10	11	12																

* 필사하신 부분을 쓰기성경 쓰기표에 색펜이나 형광펜으로 표시하세요.

성경 필사는 말씀을 읽고 듣는 것에 그치지 않고,
온몸으로 성경을 읽는 것입니다.
한 글자 한 글자 꾹꾹 눌러 쓰며 느려진 시간만큼
말씀에 머물고 치유를 경험하세요.
쓰기성경 필사를 통해
건강한 성도의 거룩한 습관이 만들어집니다.

1. 성경은 성령님의 감동으로 이루어진 하나님의 말씀입니다. (딤후 3:16)
   - 성령님을 의지하는 겸손한 믿음으로 시작하십시오.
2. 성경은 주야로 묵상하여야 할 우리 삶의 지침입니다. (시 1:2)
   - 삶이 변화되기를 바라는 간절한 마음이 필요합니다.
3. 성경은 우리를 하나님의 사람으로 온전케 하는 진리입니다. (딤후 3:17)
   - 회개의 기도는 신자들의 호흡입니다.
4. 성경은 일점일획도 변함없이 이루어질 하나님의 약속입니다. (마 5:18)
   - 굳건한 신뢰의 마음으로 써야 합니다.
5. 성경은 사람을 구원에 이르게 하는 지혜의 말씀입니다. (요 20:31; 딤후 3:15)
   - 구원의 기쁨을 노래하는 마음으로 기록합니다.
6. 성경말씀은 성령께서 쓰시는 검(劍)입니다. 영적전투의 공격용 무기입니다. (엡 6:17)
   - 그리스도의 좋은 군사로서, 진리를 위하여 싸우는 담대한 자세가 요청됩니다.
7. 성경말씀의 핵심은 하나님을 사랑하며, 이웃을 사랑하는 것입니다. (마 22:37-40)
   - 사랑을 배우고 행하는 사람으로서의 태도가 필수적입니다.
8. 매일 시간을 정해 놓고 하며, 기도로 시작하여 기도로 끝냅니다.
   - 하루 24시간의 십일조(2.4시간)를 성경 쓰기에 드리면, 일년에 성경 전체를 완필할 수 있습니다.

새번역 밑글씨 쓰기성경® 활용법

잠언 1장 32절~2장 16절

절 숫자 수록

장 숫자 수록

밑글씨를 따라 정성껏 성경말씀을 쓰시면 됩니다.

32 어수룩한 사람은 내게 등을
돌리고 살다가 자기를 죽이
며, 미련한 사람은 안일하게
살다가 자기를 멸망시키지만,
33 오직 내 말을 듣는 사람은
안심하며 살겠고, 재앙을 두
려워하지 않고 평안히 살 것
이다."

지혜가 주는 유익

2 아이들아, 내 말을 받아들
이고, 내 명령을 마음 속 깊
이 간직하여라.
2 지혜에 네 귀를 기울이고, 명
철에 네 마음을 두어라.
3 슬기를 외쳐 부르고, 명철을
얻으려고 소리를 높여라.
4 은을 구하듯 그것을 구하고,
보화를 찾듯 그것을 찾아라.
5 그렇게 하면, 너는 주님을 경
외하는 길을 깨달을 것이며,
하나님을 아는 지식을 터득
할 것이다.
6 주님께서 지혜를 주시고,
주님께서 친히 지식과 명철
을 주시기 때문이다.
7 정직한 사람에게는 분별하
는 지혜를 마련하여 주시고,
흠 없이 사는 사람에게는 방
패가 되어 주신다.
8 공평하게 사는 사람의 길을
보살펴 주시고, 주님께 충성하
는 사람의 길을 지켜 주신다.
9 그 때에야 너는 정의와
공평과 정직, 이 모든 복된
길을 깨달을 것이다.
10 지혜가 네 마음 속에 들어
가고, 지식이 네 영혼을 즐겁
게 할 것이다.
11 분별력이 너를 지켜 주고, 명
철이 너를 보살펴 줄 것이다.
12 지혜가 악한 사람의 길에서
너를 구하고, 겉과 속이 다르
게 말하는 사람에게서 너를
건질 것이다.
13 그들은 바른길을 버리고, 어두
운 길로 가는 사람들이다.
14 그들은 나쁜 일 하기를 좋아
하며, 악하고 거스르는 일 하
기를 즐거워한다.
15 그들의 길은 구부러져 있고,
그들의 행실은 비뚤어져 있
다.

지혜와 순결

16 지혜가 너를 음란한 여자
에게서 건져 주고, 너를 꾀는
부정한 여자에게서 건져 줄

인자와 진리를 저버리지 말고,
그것을 목에 걸고 다니며,
너의 마음 속 깊이 새겨 두어라.
그러면 하나님과 사람 앞에서
네가 은혜를 입고 귀중히 여김을 받을 것이다.
너의 마음을 다하여 주님을 의뢰하고,
너의 명철을 의지하지 말아라.

(잠언 3:3-5)

Proverbs 잠언

잠언의 목적과 주제

1 이것은 다윗의 아들 이스라
엘 왕 솔로몬의 잠언이다.
2 이 잠언은 지혜와 훈계를
알게 하며, 명철의 말씀을
깨닫게 하며,
3 정의와 공평과 정직을 지혜
롭게 실행하도록 훈계를 받
게 하며,
4 어수룩한 사람을 슬기롭게
하여 주며, 젊은이들에게 지
식과 분별력을 갖게 하여 주
는 것이니,
5 지혜 있는 사람은 이 가르침
을 듣고 학식을 더할 것이요,
명철한 사람은 지혜를 더 얻
게 될 것이다.
6 잠언과 비유와 지혜 있는 사
람의 말과 그 심오한 뜻을
깨달아 알 수 있을 것이다.
7 주님을 경외하는 것이 지
식의 근본이거늘, 어리석은 사
람은 지혜와 훈계를 멸시한
다.

젊은이에게 주는 충고

8 아이들아, 아버지의 훈계를
잘 듣고, 어머니의 가르침을
저버리지 말아라.
9 진정 이것은 머리에 쓸 아
름다운 관이요, 너의 목에 걸
목걸이이다.
10 아이들아, 악인들이 너를
꾀더라도, 따라가지 말아라.
11 그들이 너에게 이렇게 말할
것이다. "함께 가서 숨어 기다
렸다가, 이유를 묻지 말고, 죄
없는 사람을 죽이자.
12 스올처럼 그들을 산 채로 삼
키고, 무덤이 사람을 통째로
삼키듯이, 그들을 통째로 삼키
자.
13 우리는 온갖 값진 것을 얻게
될 것이며, 빼앗은 것으로 우
리의 집을 가득 채우게 될
것이다.
14 너도 우리와 함께 제비를 뽑
고, 우리 사이에 돈주머니는
하나만 두자."
15 아이들아, 그들이 이렇게
말하더라도, 너는 그들과 함
께 다니지 말고, 네 발을 그
들이 가는 길에 들여놓지 말
아라.
16 그들의 발은 악으로 치달으

며, 피 흘리는 일을 서두르기
때문이다.
17 무릇, 새가 보는 앞에서 그물
을 치는 것은 헛수고이겠거
늘,
18 그들이 가만히 엎드려서 지
키고 있으니 제 피나 흘릴 뿐
이요, 숨어서 기다리고 있으니
제 목숨이나 잃을 뿐이다.
19 무릇 부당한 이득을 탐하는
자의 길은 다 이러하니, 재물
이 목숨을 빼앗는다.

지혜가 부른다

20 지혜가 길거리에서 부르며,
광장에서 그 소리를 높이며,
21 시끄러운 길 머리에서 외치
며, 성문 어귀와 성 안에서
말을 전한다.
22 "어수룩한 사람들아, 언제
까지 어수룩한 것을 좋아하
려느냐? 비웃는 사람들아, 언
제까지 비웃기를 즐기려느
냐? 미련한 사람들아, 언제까
지 지식을 미워하려느냐?
23 너희는 내 책망을 듣고 돌아
서거라. 보아라, 내가 내 영을
너희에게 보여 주고, 내 말을
깨닫게 해주겠다.
24 그러나 너희는, 내가 불러도
듣으려고 하지 않고, 내가 손
을 내밀어도 거들떠보려고도
하지 않았다.
25 도리어 너희가 내 모든 충고
를 무시하며 내 책망을 받아
들이지 않았으니,
26 너희가 재앙을 만날 때에,
내가 비웃을 것이며, 너희에
게 두려운 일이 닥칠 때에,
내가 조롱하겠다.
27 공포가 광풍처럼 너희를 덮
치며, 재앙이 폭풍처럼 너희
에게 밀려오며, 고난과 고통
이 너희에게 밀어닥칠 때에,
28 그 때에야 나를 애타게 부르
겠지만, 나는 대답하지 않겠
고, 나를 애써 찾을 것이지만,
나를 만나지 못할 것이다.
29 이것은 너희가 깨닫기를 싫
어하며, 주님 경외하기를 즐
거워하지 않으며,
30 내 충고를 받아들이지 않으며,
내 모든 책망을 업신여긴 탓
이다.
31 그러므로 그런 사람은 제
가 한 일의 열매를 먹으며,
제 꾀에 배부를 것이다.

32 어수룩한 사람은 내게 등을
돌리고 살다가 자기를 죽이
며, 미련한 사람은 안일하게
살다가 자기를 멸망시키지만,
33 오직 내 말을 듣는 사람은
안심하며 살겠고, 재앙을 두
려워하지 않고 평안히 살 것
이다."

지혜가 주는 유익

2 아이들아, 내 말을 받아들
이고, 내 명령을 마음 속 깊
이 간직하여라.
2 지혜에 네 귀를 기울이고, 명
철에 네 마음을 두어라.
3 슬기를 외쳐 부르고, 명철을
얻으려고 소리를 높여라.
4 은을 구하듯 그것을 구하고,
보화를 찾듯 그것을 찾아라.
5 그렇게 하면, 너는 주님을 경
외하는 길을 깨달을 것이며,
하나님을 아는 지식을 터득
할 것이다.
6 주님께서 지혜를 주시고,
주님께서 친히 지식과 명철
을 주시기 때문이다.
7 정직한 사람에게는 분별하
는 지혜를 마련하여 주시고,
흠 없이 사는 사람에게는 방
패가 되어 주신다.
8 공평하게 사는 사람의 길을
보살펴 주시고, 주님께 충성하
는 사람의 길을 지켜 주신다.
9 그 때에야 너는 정의와
공평과 정직, 이 모든 복된
길을 깨달을 것이다.
10 지혜가 네 마음 속에 들어
가고, 지식이 네 영혼을 즐겁
게 할 것이다.
11 분별력이 너를 지켜 주고, 명
철이 너를 보살펴 줄 것이다.
12 지혜가 악한 사람의 길에서
너를 구하고, 겉과 속이 다르
게 말하는 사람에게서 너를
건질 것이다.
13 그들은 바른길을 버리고, 어두
운 길로 가는 사람들이다.
14 그들은 나쁜 일 하기를 좋아
하며, 악하고 거스르는 일 하
기를 즐거워한다.
15 그들의 길은 구부러져 있고,
그들의 행실은 비뚤어져 있
다.

지혜와 순결

16 지혜가 너를 음란한 여자
에게서 건져 주고, 너를 꾀는
부정한 여자에게서 건져 줄

것이다.
17 그 여자는 젊은 시절의 짝을
버리고, 하나님과 맺은 언약
을 잊은 여자이다.
18 그 여자의 집은 죽음에 이르
는 길목이요, 그 길은 죽음으
로 내려가는 길이다.
19 그런 여자에게 가는 자는 아
무도 되돌아오지 못하고, 다시
는 생명의 길에 이르지 못한
다.
20 그러므로 너는 선한 사람
이 가는 길을 가고, 의로운
사람이 걷는 길로만 걸어라.
21 세상은 정직한 사람이 살 곳
이요, 흠 없는 사람이 살아
남을 곳이기 때문이다.
22 그러나 악한 사람은 땅에서
끊어지고, 진실하지 못한 사
람은 땅에서 뿌리가 뽑힐 것
이다.

젊은이에게 주는 충고

3 아이들아, 내 가르침을 잊
지 말고, 내 계명을 네 마음
에 간직하여라.
2 그러면 그것들이 너를 장수
하게 하며, 해가 갈수록 더
욱 평안을 누리게 할 것이다.
3 인자와 진리를 저버리지
말고, 그것을 목에 걸고 다니
며, 너의 마음 속 깊이 새겨
두어라.
4 그러면 하나님과 사람 앞에
서 네가 은혜를 입고 귀중히
여김을 받을 것이다.
5 너의 마음을 다하여 주님
을 의뢰하고, 너의 명철을 의
지하지 말아라.
6 네가 하는 모든 일에서 주님
을 인정하여라. 그러면 주님
께서 네가 가는 길을 곧게
하실 것이다.
7 스스로 지혜롭다고 여기지 말
고, 주님을 경외하며 악을 멀
리하여라.
8 그러면 이것이 너의 몸에 보
약이 되어, 상처가 낫고 아픔
이 사라질 것이다.
9 너의 재산과 땅에서 얻은
모든 첫 열매로 주님을 공경
하여라.
10 그러면 너의 창고가 가득 차
고, 너의 포도주 통에 햇포도
주가 넘칠 것이다.
11 아이들아, 주님의 훈계를
거부하지 말고, 그의 책망을

싫어하지 말아라.
12 주님은, 당신이 사랑하시는
사람을 꾸짖으시니, 마치 귀
여워하는 아들을 꾸짖는 아
버지와 같으시다.

지혜의 가치

13 지혜를 찾는 사람은 복이
있고, 명철을 얻는 사람은 복
이 있다.
14 참으로 지혜를 얻는 것이 은
을 얻는 것보다 낫고, 황금을
얻는 것보다 더 유익하다.
15 지혜는 진주보다 더 값지고,
네가 갖고 싶어하는 그 어떤
것도 이것과 비교할 수 없다.
16 그 오른손에는 장수가 있고,
그 왼손에는 부귀영화가 있
다.
17 지혜의 길은 즐거운 길이요,
그 모든 길에는 평안이 있다.
18 지혜는, 그것을 얻는 사람에
게는 생명의 나무이니, 그것
을 붙드는 사람은 복이 있다.
19 주님은 지혜로 땅의 기초
를 놓으셨고, 명철로 하늘을
펼쳐 놓으셨다.
20 그분은 지식으로 깊은 물줄기
를 터뜨리시고, 구름에서 이슬
이 내리게 하신다.
21 아이들아, 건전한 지혜와
분별력을 모두 잘 간직하여
너의 시야에서 떠나지 않게
하여라.
22 그것이 너의 영혼에 생기를
불어넣으며, 너의 목에 우아
한 장식물이 될 것이다.
23 그 때에 너는 너의 길을 무
사히 갈 것이며, 너의 발은
걸려 넘어지지 않을 것이다.
24 너는 누워도 두렵지 않고, 누
우면 곧 단잠을 자게 될 것
이다.
25 너는 갑자기 닥치는 두려운
일이나, 악한 사람에게 닥치
는 멸망을 보고 무서워하지
말아라.
26 주님께서 네가 의지할 분이
되셔서 너의 발이 덫에 걸리
지 않게 지켜 주실 것이다.
27 너의 손에 선을 행할 힘이
있거든, 도움을 청하는 사람
에게 주저하지 말고 선을
행하여라.
28 네가 가진 것이 있으면서도,
너의 이웃에게 "갔다가 다시
오시오. 내일 주겠소" 말하지

말아라.
29 너를 의지하며 살고 있는 너
의 이웃에게 해를 끼칠 계획
은 꾸미지 말아라.
30 너에게 해를 끼치지 않는 사
람과는, 까닭없이 다투지 말
아라.
31 폭력을 휘두르는 사람을 부러
워하지 말고, 그의 행위는 그
어떤 것이든 따르지 말아라.
32 참으로 주님은 역겨운 일
을 하는 사람은 미워하시고,
바른길을 걷는 사람과는 늘
사귐을 가지신다.
33 주님은 악한 사람의 집에는
저주를 내리시지만, 의로운 사
람이 사는 곳에는 복을 내려
주신다.
34 진실로 주님은, 조롱하는 사
람을 비웃으시고, 겸손한 사
람에게는 은혜를 베푸신다.
35 지혜 있는 사람은 영광을 물
려받고, 미련한 사람은 수치
를 당할 뿐이다.

지혜가 주는 유익

4 아이들아, 너희는 아버지의
훈계를 잘 듣고, 명철을 얻도
록 귀를 기울여라.
2 내가 선한 도리를 너희에게
전하니, 너희는 내 교훈을 저
버리지 말아라.
3 나도 내 아버지에게는 아
들이었고, 내 어머니 앞에서
도 하나뿐인 귀여운 자식이
었다.
4 아버지는 내게 이렇게 가르치
셨다. "내 말을 네 마음에 간
직하고, 내 명령을 지켜라. 네
가 잘 살 것이다.
5 지혜를 얻고, 명철을 얻어라.
내가 친히 하는 말을 잊지
말고, 어기지 말아라.
6 지혜를 버리지 말아라. 그
것이 너를 지켜 줄 것이다.
지혜를 사랑하여라. 그것이
너를 보호하여 줄 것이다.
7 지혜가 으뜸이니, 지혜를 얻
어라. 네가 가진 모든 것을
다 바쳐서라도 명철을 얻어
라.
8 지혜를 소중히 여겨라. 그것
이 너를 높일 것이다. 지혜를
가슴에 품어라. 그것이 너를
존귀하게 할 것이다.
9 그 지혜가 아름다운 화관을
너의 머리에 씌워 주고, 영광

스러운 왕관을 너에게 씌워 줄 것이다."

바른 길, 그른 길

10 아이들아, 들어라. 내 말을 받아들이면, 네가 오래 살 것이다.

11 내가 네게 지혜로운 길을 가르쳐 주었고, 너를 바른길로 이끌어 주었으므로,

12 네가 걸을 때에, 네 걸음이 막히지 않고, 달려가도 넘어지지 않을 것이다.

13 훈계를 놓치지 말고 굳게 잡아라. 그것은 네 생명이니, 단단히 지켜라.

14 악독한 사람의 길에 들어서지 말고, 악한 사람의 길로는 다니지도 말아라.

15 그런 길은 피하고, 건너가지도 말며, 발길을 돌려서, 지나쳐 버려라.

16 그들은 악한 일을 저지르지 않고는 잠을 이루지 못하며, 남을 넘어지게 하지 않고는 잠을 설치는 자들이다.

17 그들은 악한 방법으로 얻은 빵을 먹으며, 폭력으로 빼앗은 포도주를 마신다.

18 의인의 길은 동틀 때의 햇살 같아서, 대낮이 될 때까지 점점 더 빛나지만,

19 악인의 길은 캄캄하여, 넘어져도 무엇에 걸려 넘어졌는지 알지 못한다.

20 아이들아, 내가 하는 말을 잘 듣고, 내가 이르는 말에 귀를 기울여라.

21 이 말에서 한시도 눈을 떼지 말고, 너의 마음 속 깊이 잘 간직하여라.

22 이 말은 그것을 얻는 사람에게 생명이 되며, 그의 온 몸에 건강을 준다.

23 그 무엇보다도 너는 네 마음을 지켜라. 그 마음이 바로 생명의 근원이기 때문이다.

24 왜곡된 말을 네 입에서 없애 버리고, 속이는 말을 네 입술에서 멀리하여라.

25 눈으로는 앞만 똑바로 보고, 시선은 앞으로만 곧게 두어라.

26 발로 디딜 곳을 잘 살펴라. 네 모든 길이 안전할 것이다.

27 좌로든 우로든 빗나가지 말고, 악에서 네 발길을 끊어 버려라.

아내에게 성실히 하여라

5 내 아들아, 너는 내 지혜에
주의를 기울이고 내 명철에
너의 귀를 기울여서,
2 분별력을 간직하고, 네 입술
로 지식을 굳게 지켜라.
3 음행하는 여자의 입술에서는
꿀이 떨어지고, 그 말은 기름
보다 매끄럽지만,
4 그것이 나중에는 쑥처럼 쓰
고, 두 날을 가진 칼처럼 날
카롭다.
5 그 여자의 발은 죽을 곳으로
내려가고, 그 여자의 걸음은
스올로 치닫는다.
6 그 여자는 생명의 길을 지키
지 못하며, 그 길이 불안정
해도 그것을 깨닫지 못한다.
7 내 아들아, 이제 너희는 내
말을 잘 들어라. 내가 하는
말에서 벗어나지 말아라.
8 네 길에서 그 여자를 멀리
떨어져 있게 하여라. 그 여
자의 집 문 가까이에도 가지
말아라.
9 그렇지 않으면, 네 영예가 다
른 사람에게 넘어가고, 네
아까운 세월을 포학자들에
게 빼앗길 것이다.
10 다른 사람이 네 재산으로 배
를 불리고, 네가 수고한 것이
남의 집으로 돌아갈 것이다.
11 마침내 네 몸과 육체를 망친
뒤에, 네 종말이 올 때에야
한탄하며,
12 말하기를 "내가 어찌하여 훈
계를 싫어하였던가? 내가 어
찌하여 책망을 멸시하였던
가?
13 내가 스승에게 순종하지 않
고, 나를 가르쳐 주신 분에게
귀를 기울이지 않고 있다가,
14 온 회중이 보는 앞에서 이런
처절한 재난을 당하는구나!"
할 것이다.
15 너는 네 우물의 물을 마시
고, 네 샘에서 솟아나는 물을
마셔라.
16 어찌하여 네 샘물을 바깥으
로 흘러 보내며, 그 물줄기를
거리로 흘러 보내려느냐?
17 그 물은 너 혼자만의 것으로
삼고, 다른 사람들과 나누지
말아라.
18 네 샘이 복된 줄 알고, 네가
젊어서 맞은 아내와 더불어

즐거워하여라.
19 아내는 사랑스러운 암사슴,
아름다운 암노루, 그의 품을
언제나 만족스럽게 생각하고,
그의 사랑을 언제나 사모하
여라.
20 내 아들아, 어찌하여 음행하
는 여자를 사모하며, 부정한
여자의 가슴을 껴안겠느냐?
21 주님의 눈은 사람의 길을 지
켜 보시며, 그 모든 길을 살
펴보신다.
22 악인은 자기의 악에 걸리고,
자기 죄의 올무에 걸려 들어
서,
23 훈계를 받지 않아서 죽고, 너
무나 미련하여 길을 잃는다.

어리석은 사람이 되지 말아라

6 아이들아, 네가 이웃을 도우
려고 담보를 서거나, 남의 딱
한 사정을 듣고 보증을 선다
면,
2 네가 한 그 말에 네가 걸려
들고, 네가 한 그 말에 네가
잡힌다.
3 아이들아, 네가 너의 이웃의
손에 잡힌 것이니, 어서 그에
게 가서 풀어 달라고 겸손히
간청하여라. 너는 이렇게 하
여 자신을 구하여라.
4 잠을 자지도 말고, 졸지도 말
고
5 노루가 사냥꾼의 손에서 벗
어나듯, 새가 새 잡는 사람의
손에서 벗어나듯, 어서 벗어나
서 너 자신을 구하여라.
6 게으른 사람아, 개미에게
가서, 그들이 사는 것을 살펴
보고 지혜를 얻어라.
7 개미는 우두머리도 없고 지휘
관도 없고 통치자도 없지만,
8 여름 동안 양식을 마련하고,
추수 때에 먹이를 모아 둔다.
9 게으른 사람아, 언제까지 누
워 있으려느냐? 언제 잠에서
깨어 일어나려느냐?
10 "조금만 더 자야지, 조금만
더 눈을 붙여야지, 조금만 더
팔을 베고 누워 있어야지" 하
면,
11 네게 가난이 강도처럼 들이닥
치고, 빈곤이 방패로 무장한
용사처럼 달려들 것이다.
12 건달과 악인은 그릇된 말
이나 하며 돌아다닌다.
13 그들은 눈짓과 발짓과 손짓으

로 서로 신호를 하며,
14 그 비뚤어진 마음으로 항상
악을 꾀하며, 싸움만 부추긴
다.
15 그러므로 갑자기 닥쳐오는
재앙을 만나, 순식간에 망하
고, 회복되지 못한다.
16 주님께서 미워하시는 것,
주님께서 싫어하시는 것이
예닐곱 가지이다.
17 교만한 눈과 거짓말하는 혀
와 무죄한 사람을 피 흘리게
하는 손과
18 악한 계교를 꾸미는 마음과
악한 일을 저지르려고 치닫
는 발과,
19 거짓으로 증거하는 사람과,
친구 사이를 이간하는 사람
이다.

부도덕에 대한 경고

20 아이들아, 아버지의 명령을
지키고, 어머니의 가르침을 저
버리지 말아라.
21 그것을 항상 네 마음에 간직
하며, 네 목에 걸고 다녀라.
22 네가 길을 갈 때 그것이 너
를 인도하여 주며, 네가 잠잘
때에 너를 지켜 주고, 네가
깨면 너의 말벗이 되어 줄
것이다.
23 참으로 그 명령은 등불이요,
그 가르침은 빛이며, 그 훈계
의 책망은 생명의 길이다.
24 이것이 너를 악한 여자에게
서 지켜 주고, 음행하는 여자
의 호리는 말에 네가 빠지지
않게 지켜 준다.
25 네 마음에 그런 여자의 아름
다움을 탐내지 말고, 그 눈짓
에 홀리지 말아라.
26 과연 창녀는 사람을 빵 한
덩이만 남게 만들며, 음란한
여자는 네 귀중한 생명을 앗
아간다.
27 불을 가슴에 안고 다니는
데 옷이 타지 않을 수 있겠
느냐?
28 숯불 위를 걸어 다니는데 발
이 성할 수 있겠느냐?
29 남의 아내와 간통하는 자가
이렇다. 남의 아내를 범하고서
도 어찌 무사하기를 바라겠
느냐?
30 도둑이 다만 허기진 배를 채
우려고 훔쳤다면, 사람들은
그 도둑을 멸시하지 않을 것

이다.
31 그래도 훔치다 들키면 일곱
배를 갚아야 하고, 심하면
자기 집에 있는 모든 재산을
다 내주어야 할 것이다.
32 남의 아내와 간음하는 사람
은 생각이 모자라는 사람이
다. 자기 영혼을 망치려는 사
람만이 그런 일을 한다.
33 그는 매를 맞고 창피를 당
할 것이니, 그 수치를 절대로
씻을 수 없을 것이다.
34 그의 남편이 질투에 불타서
복수하는 날, 조금도 동정하
여 주지 않을 것이다.
35 어떤 보상도 거들떠보려고
하지 않을 것이며, 아무리 많
은 위자료를 가져다 주어도
받으려 하지 않을 것이다.

불신실한 자의 어리석음

7 아이들아, 내 말을 지키고,
내 명령을 너의 마음 속 깊
이 간직하여라.
2 내 명령을 지켜서 잘 살고
내 교훈을 너의 눈동자를 보
호하듯 지켜라.
3 그것을 너의 손가락에 매고,
네 마음 속 깊이 새겨 두어라.
4 지혜에게는 "너는 내 누이"라
고 말하고, 명철에게는 "너는
내 친구"라고 불러라.
5 그러면 그것이 너를 음행하
는 여자로부터 지켜 주고, 달
콤한 말로 호리는 외간 여자
로부터 지켜 줄 것이다.

부도덕한 여인

6 나는, 나의 집 창가에서 창
살문으로 내다보다가,
7 어수룩한 젊은이들 가운데,
지혜 없는 젊은이가 있는 것
을 보았다.
8 그는 거리를 지나 골목 모퉁
이로 가까이 가서, 그 여자의
집으로 가는 길로 발걸음을
옮겼다.
9 저녁이 되어 땅거미가 지고,
밤이 되어 어두워진 때였다.
10 한 여자가 창녀 옷을 입고
서, 교활한 마음을 품고 그에
게 다가갔다.
11 그 여자는 마구 떠들며, 예
의 없이 굴며, 발이 집에 머
물러 있지를 못한다.
12 때로는 이 거리에서, 때로는
저 광장에서, 길목마다 몸을
숨기고 있다가,

13 그 젊은이를 와락 붙잡고 입
을 맞추며, 뻔뻔스러운 얼굴
로 그에게 말하였다.
14 "오늘 나는 화목제를 드려서,
서원한 것을 실행하였습니다.
15 그래서 나는 당신을 맞으러
나왔고, 당신을 애타게 찾다
가, 이렇게 만나게 되었습니
다.
16 내 침대에는 요도 깔아 놓았
고, 이집트에서 만든 무늬 있
는 이불도 펴놓았습니다.
17 누울 자리에는 몰약과 침향
과 육계향을 뿌려 두었습니다.
18 자, 어서 가서 아침이 되도록
한껏 사랑에 빠지고, 서로
사랑하면서 즐깁시다.
19 남편도 먼 여행길을 떠나서
집에 없습니다.
20 돈주머니를 가지고 갔으니, 보
름달이 뜰 때라야 집에 돌아
올 겁니다."
21 이렇게 여러 가지 달콤한
말로 유혹하고 호리는 말로
꾀니,
22 그는 선뜻 이 여자의 뒤를
따라 나섰다. 마치 도살장으
로 끌려가는 소와도 같고, 올
가미에 채이러 가는 어리석
은 사람과도 같다.
23 마치 자기 목숨을 잃는 줄도
모르고 그물 속으로 쏜살같이
날아드는 새와 같으니, 마침
내 화살이 그의 간을 꿰뚫을
것이다.
24 아이들아, 이제 너희는 나
의 말을 잘 들어라. 내가 하
는 말을 명심하여라.
25 네 마음이 그 여자가 가는
길로 기울지 않게 하고, 그
여자가 가는 길로 빠져 들지
않게 하여라.
26 그 여자에게 상처를 입고 쓰
러진 사람이 많고, 그 여자
때문에 죽은 남자도 헤아릴
수 없이 많다.
27 그런 여자의 집은 스올로 트
인 길이며, 죽음의 안방으로
내려가는 길이다.

지혜 찬양

8 지혜가 부르고 있지 않느
냐? 명철이 소리를 높이고 있
지 않느냐?
2 지혜가 길가의 높은 곳과, 네
거리에 자리를 잡고 서 있다.
3 마을 어귀 성문 곁에서, 여러

출입문에서 외친다.
4 "사람들아, 내가 너희를 부
른다. 내가 모두에게 소리를
높인다.
5 어수룩한 사람들아, 너희는
명철을 배워라. 미련한 사람
들아, 너희는 지혜를 배워라.
6 너희는 들어라. 나는 옳은 말
만 하고, 내 입술로는 바른
말만 한다.
7 내 입은 진실을 말하며, 내
입술은 악을 싫어한다.
8 내가 하는 말은 모두 의로운
것뿐이며, 거기에는 비뚤어지
거나 그릇된 것이 없다.
9 총명이 있는 사람은 이 모
든 말을 옳게 여기고, 지식이
있는 사람은 이 모든 말을
바르게 여긴다.
10 너희는 은을 받기보다는 내
훈계를 받고, 금을 선택하기
보다는 지식을 선택하여라.
11 참으로 지혜는 진주보다 좋으
며, 네가 갖고 싶어하는 그
어떤 것도 이것과 비교할 수
없다."

지혜가 하는 말

12 "나 지혜는 명철로 주소를
삼으며, 지식과 분별력을 가
지고 있다.
13 주님을 경외하는 것은 악을
미워하는 것이다. 나는 교만
과 오만, 악한 행실과 거짓
된 입을 미워한다.
14 내게는 지략과 건전한 지혜
가 있으며, 명철과 능력이 있
다.
15 내 도움으로 왕들이 통치하며,
고관들도 올바른 법령을 내
린다.
16 내 도움으로 지도자들이 바르
게 다스리고, 고관들 곧 공의
로 재판하는 자들도 올바른
판결을 내린다.
17 나는, 나를 사랑하는 사람
을 사랑하며, 나를 간절히
찾는 사람을 만나 준다.
18 부귀와 영화도 내게 있으며,
든든한 재물과 의도 내게 있
다.
19 내가 맺어 주는 열매는 금이
나 순금보다 좋고, 내가 거두
어 주는 소출은 순은보다 좋
다.
20 나는 의로운 길을 걸으며, 공
의로운 길 한가운데를 걷는

다.
21 나를 사랑하는 사람에게는
내가 재물을 주어서, 그의 금
고가 가득 차게 하여 줄 것
이다.
22 주님께서 일을 시작하시던
그 태초에, 주님께서 모든 것
을 지으시기 전에, 이미 주님
께서는 나를 데리고 계셨다.
23 영원 전, 아득한 그 옛날, 땅
도 생기기 전에, 나는 이미
세움을 받았다.
24 아직 깊은 바다가 생기기도
전에, 물이 가득한 샘이 생기
기도 전에, 나는 이미 태어났
다.
25 아직 산의 기초가 생기기 전
에, 언덕이 생기기 전에, 나
는 이미 태어났다.
26 주님께서 아직 땅도 들도 만
들지 않으시고, 세상의 첫 흙
덩이도 만들지 않으신 때이다.
27 주님께서 하늘을 제자리에
두시며, 깊은 바다 둘레에 경
계선을 그으실 때에도, 내가
거기에 있었다.
28 주님께서 구름 떠도는 창공
을 저 위 높이 달아매시고,
깊은 샘물을 솟구치게 하셨
을 때에,
29 바다의 경계를 정하시고, 물
이 그분의 명을 거스르지 못
하게 하시고, 땅의 기초를 세
우셨을 때에,
30 나는 그분 곁에서 창조의
명공이 되어, 날마다 그분을
즐겁게 하여 드리고, 나 또한
그분 앞에서 늘 기뻐하였다.
31 그분이 지으신 땅을 즐거워
하며, 그분이 지으신 사람들
을 내 기쁨으로 삼았다.
32 그러므로 아이들아, 이제
내 말을 들어라. 내 길을 따
르는 사람이 복이 있다.
33 내 훈계를 들어서 지혜를 얻
고, 그것을 무시하지 말아라.
34 날마다 나의 문을 지켜 보
며, 내 문설주 곁에 지키고
서서, 내 말을 듣는 사람은
복이 있다.
35 나를 얻는 사람은 생명을 얻
고, 주님께로부터 은총을 받
을 것이다.
36 그러나 나를 놓치는 사람은
자기 생명을 해치는 사람이
며, 나를 미워하는 사람은 죽

음을 사랑하는 사람이다."

지혜와 어리석음

9 지혜가 일곱 기둥을 깎아
세워서 제 집을 짓고,
2 짐승을 잡고, 포도주를 잘 빚
어서, 잔칫상을 차린 다음에,
3 시녀들을 보내어, 성읍 높은
곳에서 외치게 하였다.
4 "어수룩한 사람은 누구나 이
리로 발길을 돌려라." 지각이
모자라는 사람도 초청하라고
하였다.
5 "와서 내가 차린 음식을 먹
고, 내가 잘 빚은 포도주를 마
셔라.
6 어수룩한 길을 내버리고, 생
명을 얻어라. 명철의 길을 따
라가거라" 하였다.

참 지혜

7 거만한 사람을 훈계하면
수치를 당할 수 있고, 사악
한 사람을 책망하면 비난을
받을 수 있다.
8 거만한 사람을 책망하지 말
아라. 그가 너를 미워할까 두
렵다. 지혜로운 사람은 꾸짖
어라. 그가 너를 사랑할 것이
다.
9 지혜로운 사람은 훈계를 할
수록 더욱 지혜로워지고 의로
운 사람은 가르칠수록 학식
이 더할 것이다.
10 주님을 경외하는 것이 지
혜의 근본이요, 거룩하신 이를
아는 것이 슬기의 근본이다.
11 나 지혜로 말미암아 네가 오
래 살 것이요, 네 수명도 길
어질 것이다.
12 네가 지혜로우면 그 지혜가
네게 유익하지만, 네가 거만
하면 그 거만이 너만 해롭게
할 것이다.

어리석은 여자

13 어리석은 여자는 수다스럽
다. 지각이 없으니, 아는 것이
아무것도 없다.
14 그러한 여자는 자기 집 문
앞에 앉거나, 마을 높은 곳에
앉아서,
15 제 갈길만 바쁘게 가는 사람
에게
16 "어수룩한 사람은 누구나 이
리로 발길을 돌려라" 하고 소
리친다. 지각이 모자라는 사
람에게도 이르기를
17 "훔쳐서 마시는 물이 더 달

고, 몰래 먹는 빵이 더 맛있
다"하고 말한다.
18 그런데도 어리석은 사람은,
죽음의 그늘이 바로 그 곳에
드리워져 있다는 것을 모른
다. 그 여자를 찾아온 사람
마다 이미 스올의 깊은 곳에
가 있다는 것을, 그 어리석은
사람은 알지 못한다.

솔로몬의 잠언

10 이것은 솔로몬의 잠언이다.
지혜로운 아들은 아버지를
기쁘게 하지만, 미련한 아들
은 어머니의 근심거리이다.
2 부정하게 모은 재물은 쓸모
가 없지만, 의리는 죽을 사람
도 건져낸다.
3 주님은 의로운 생명은 주
리지 않게 하시지만, 악인의
탐욕은 물리치신다.
4 손이 게으른 사람은 가난하
게 되고 손이 부지런한 사람
은 부유하게 된다.
5 곡식이 익었을 때에 거두어들
이는 아들은 지혜가 있는 아
들이지만, 추수 때에 잠만 자
고 있으면, 부끄러운 아들이다.
6 의인은 머리에 복을 이고
있으나, 악인은 입에 독을 머
금고 있다.
7 의인은 칭찬을 받으며 기억
되지만, 악인은 그 이름마저
기억에서 사라진다.
8 마음이 지혜로운 사람은 명
령을 받아들이지만, 입을 어리
석게 놀리는 사람은 멸망한
다.
9 흠 없이 살면 앞길이 평안하
지만, 그릇되게 살면 마침내
드러나게 된다.
10 눈을 흘기면 고난이 생기고,
입을 어리석게 놀리는 사람
은 멸망한다.
11 의인의 입은 생명의 샘이지
만, 악인의 입은 독을 머금고
있다.
12 미움은 다툼을 일으키지만,
사랑은 모든 허물을 덮어 준
다.
13 명철한 사람의 입술에는 지
혜가 있지만, 지혜가 없는 사
람의 등에는 매가 떨어진다.
14 지혜로운 사람은 지식을 간
직하지만, 미련한 사람의 입
은 멸망을 재촉한다.
15 부자의 재산은 그의 견고

한 성이 되지만, 가난한 사
람의 빈곤은 그를 망하게 한
다.
16 의인의 수고는 생명에 이르고,
악인의 소득은 죄에 이른다.
17 훈계를 지키는 사람은 생
명의 길에 이르지만, 책망을
저버리는 사람은 잘못된 길
로 들어선다.
18 미움을 감추는 사람은 거짓
말 하는 사람이요, 남을 중상
하는 사람은 미련한 사람이
다.
19 말이 많으면 허물을 면하기
어려우나, 입을 조심하는 사
람은 지혜가 있다.
20 의인의 혀는 순수한 은과 같
지만, 악인의 마음은 아무 가
치가 없다.
21 의인의 입술은 많은 사람을
먹여 살리지만, 어리석은 사
람은 생각 없이 살다가 죽는
다.
22 주님께서 복을 주셔서 부
유하게 되는 것인데, 절대로
근심을 곁들여 주시지 않는
다.
23 미련한 사람은 나쁜 일을 저
지르는 데서 낙을 누리지만,
명철한 사람은 지혜에서 낙
을 누린다.
24 악인에게는 두려워하는 일이
닥쳐오지만, 의인에게는 바라
는 일이 이루어진다.
25 회오리바람이 지나가면, 악인
은 없어져도, 의인은 영원한
기초처럼 꼼짝하지 않는다.
26 게으른 사람은 부리는 사람에
게, 이에 초 같고, 눈에 연기
같다.
27 주님을 경외하면 장수를
누리지만, 악인의 수명은 짧
아진다.
28 의인의 희망은 기쁨을 거두지
만, 악인의 희망은 끊어진다.
29 주님의 도가 정직한 사람에
게는 힘이 되지만, 악행을 하
는 사람에게는 멸망이 된다.
30 의인은 영원히 흔들리지 않
지만, 악인은 땅에서 배겨내
지 못한다.
31 의인의 입에서는 지혜가 나오
지만, 거짓말하는 혀는 잘릴
것이다.
32 의인의 입술은 남을 기쁘게
하는 말이 무엇인지 알지만,

악인의 입은 거짓을 말할 뿐
이다.

언행을 조심하라

11 속이는 저울은 주님께서
미워하셔도, 정확한 저울추는
주님께서 기뻐하신다.
2 교만한 사람에게는 수치가
따르지만, 겸손한 사람에게
는 지혜가 따른다.
3 정직한 사람은 성실하게 살
아, 바른길로 가지만, 사기꾼
은 속임수를 쓰다가 제 꾀에
빠져 멸망한다.
4 재물은 진노의 날에 쓸모
가 없지만, 의리는 죽을 사람
도 건져낸다.
5 흠 없는 사람은 그의 옳은
행실로 그가 사는 길을 곧게
하지만, 악한 사람은 자신의
악 때문에 쓰러진다.
6 정직한 사람의 옳은 행실은
그를 구원하지만, 반역하는
사람은 제 욕심에 걸려 넘어
진다.
7 악인은 죽을 때에 그들의 희
망도 함께 끊어지고, 불의에
걸었던 기대도 물거품이 된
다.
8 의인은 재난에 빠져도 구원
을 받지만, 악인은 오히려 재
난 속으로 빠져들어간다.
9 하나님을 경외하지 않는
사람은 입으로 이웃을 망하
게 하지만, 의인은 지식으로
구원을 얻는다.
10 의인이 잘 되면 마을이 기뻐
하고, 악인이 망하면 마을이
환호한다.
11 정직한 사람이 축복하면 마
을이 흥하고, 악한 사람이 입
을 열면 마을이 망한다.
12 지혜가 없는 사람은 이웃
을 비웃지만, 명철한 사람은
침묵을 지킨다.
13 험담하며 돌아다니는 사람
은 남의 비밀을 새게 하지만,
마음이 믿음직한 사람은 비
밀을 지킨다.
14 지도자가 없으면 백성이 망
하지만, 참모가 많으면 평안
을 누린다.
15 모르는 사람의 보증을 서
면 고통을 당하지만, 보증 서
기를 거절하면 안전하다.
16 덕이 있는 여자는 존경을 받
고, 부지런한 남자는 재물을

얻는다.
17 인자한 사람은 자기의 생명
을 이롭게 하고, 잔인한 사람
은 자기의 몸을 해친다.
18 악인에게 돌아오는 삯은 헛
것이지만, 정의를 심는 사람
은 참 보상을 받는다.
19 정의에 굳게 서는 사람은 생
명에 이르지만, 악을 따르는
사람은 죽음에 이른다.
20 주님은 마음이 비뚤어진
사람은 미워하시지만, 올바른
길을 걷는 사람은 기뻐하신
다.
21 악인은 틀림없이 벌을 받지
만, 의인의 자손은 반드시 구
원을 받는다.
22 아름다운 여인이 삼가지 아
니하는 것은 돼지코에 금고
리 격이다.
23 의인이 바라는 것은 좋은 일
뿐이지만, 악인이 기대할 것
은 진노뿐이다.
24 남에게 나누어 주는데도
더욱 부유해지는 사람이 있
는가 하면, 마땅히 쓸 것까
지 아끼는데도 가난해지는
사람이 있다.
25 남에게 베풀기를 좋아하는
사람이 부유해 지고, 남에게
마실 물을 주면, 자신도 갈증
을 면한다.
26 곡식을 저장하여 두기만 하
는 사람은 백성에게 저주를
받고, 그것을 내어 파는 사람
에게는 복이 돌아온다.
27 좋은 일을 애써 찾으면 은총
을 받지만, 나쁜 일을 애써 추
구하면 나쁜 것을 되받는다.
28 자기의 재산만을 믿는 사람
은 넘어지지만, 의인은 푸른
나뭇잎처럼 번성한다.
29 자기 집을 해치는 사람은
바람만 물려받을 것이요, 어
리석은 사람은 마음이 지혜로
운 사람의 종이 될 것이다.
30 의인이 받는 열매는 생명의
나무요, 폭력을 쓰는 사람은
생명을 잃는다.
31 의인이 이 땅에서 한 대로
보상을 받는데, 악인과 죄인
이 그 값을 치르지 않겠는
가?

악의 그늘에 못 숨는다

12 훈계받기를 좋아하는 사람
은 지식을 사랑하지만, 책망

받기를 싫어하는 사람은 짐
승같이 우둔하다.
2 선한 사람은 주님으로부터
은총을 받지만, 악을 꾀하는
사람은 정죄를 받는다.
3 사람은 악행으로 터를 굳게
세울 수 없지만, 의인의 뿌리
는 흔들리지 않는다.
4 어진 아내는 남편의 면류관
이지만, 욕을 끼치는 아내는
남편의 뼛속을 썩게 한다.
5 의인의 생각은 곧지만, 악
인의 궁리는 속임수뿐이다.
6 악인이 하는 말은 피 흘릴
음모뿐이지만, 정직한 사람의
말은 사람을 구하여 낸다.
7 악인은 쓰러져서 사라지지만,
의인의 집은 든든히 서 있다.
8 사람은 그 지혜대로 칭찬을
받지만 마음이 비뚤어진 사
람은 멸시를 받는다.
9 업신여김을 받더라도 종을
부리는 사람은, 스스로 높은
체하면서 먹을 빵이 없는 사
람보다 낫다.
10 의인은 집짐승의 생명도 돌보
아 주지만, 악인은 자비를 베
푼다고 하여도 잔인하다.
11 밭을 가는 사람은 먹을 것
이 넉넉하지만, 헛된 것을
꿈꾸는 사람은 지각이 없다.
12 악인은 불의한 이익을 탐하
지만, 의인은 그 뿌리로 말미
암아 열매를 맺는다.
13 악인은 입술을 잘못 놀려 덫
에 걸리지만, 의인은 재난에
서 벗어난다.
14 사람은 열매 맺는 말을 하
여 좋은 것을 넉넉하게 얻으
며, 자기가 손수 일한 만큼
되돌려 받는다.
15 어리석은 사람은 자신의 행
실만이 옳다고 여기지만, 지
혜로운 사람은 충고에 귀를
기울인다.
16 미련한 사람은 쉽게 화를
내지만, 슬기로운 사람은 모
욕을 참는다.
17 진실을 말하는 사람은 정직
한 증거를 보이지만, 거짓 증
인은 속임수만 쓴다.
18 함부로 말하는 사람의 말은
비수 같아도, 지혜로운 사람
의 말은 아픈 곳을 낫게 하
는 약이다.
19 진실한 말은 영원히 남지만,

거짓말은 한순간만 통할 뿐
이다.
20 악을 꾀하는 사람의 마음에
는 속임수가 들어 있지만, 평
화를 꾀하는 사람에게는 기
쁨이 있다.
21 의인은 아무런 해도 입지 않
지만, 악인은 재난에 파묻혀
산다.
22 주님은 거짓말을 하는 입술
은 미워하시지만, 진실하게
사는 사람은 기뻐하신다.
23 슬기로운 사람은 지식을 감
추어 두어도, 미련한 사람의
마음은 어리석음을 전파한다.
24 부지런한 사람의 손은 남
을 다스리지만, 게으른 사람
은 남의 부림을 받는다.
25 마음에 근심이 있으면 번민
이 일지만, 좋은 말 한 마디
로도 사람을 기쁘게 할 수
있다.
26 의인은 이웃에게 바른길을 보
여 주지만, 악인은 이웃을 나
쁜 길로 빠져 들게 한다.
27 게으른 사람은 사냥한 것도
불에 구우려 하지 않지만, 부
지런한 사람은 귀한 재물을
얻는다.
28 의로운 사람의 길에는 생명
이 있지만, 미련한 사람의 길
은 죽음으로 이끈다.

지혜 있는 친구를 사귀어라

13 지혜로운 아들딸들은 아버
지의 가르침을 듣지만, 거만
한 사람은 꾸지람을 듣지 않
는다.
2 선한 사람은 열매 맺는 말
을 하여 좋은 것을 넉넉하게
얻지만, 반역자는 폭행을 당
할 뿐이다.
3 말을 조심하는 사람은 자신
의 생명을 보존하지만, 입을
함부로 여는 사람은 자신을
파멸시킨다.
4 게으른 사람은 아무리 바라
는 것이 있어도 얻지 못하지
만, 부지런한 사람의 마음은
바라는 것을 넉넉하게 얻는
다.
5 의인은 거짓말하기를 싫어하
지만, 악인은 염치도 없이 수
치스러운 일을 한다.
6 흠 없이 사는 사람의 의는
그의 길을 지켜 주지만, 죄인
의 악은 그를 망하게 한다.

7 부자인 체하나 아무것도
없는 사람이 있는가 하면,
가난한 체하나 많은 재물을
가진 사람이 있다.
8 부유한 사람은 재물로 자기
목숨을 속하기도 하지만, 가
난한 사람은 협박을 받을 일
이 없다.
9 의인의 빛은 밝게 빛나지만,
악인의 등불은 꺼져 버린다.
10 교만에서는 다툼만 일어날
뿐이다. 지혜 있는 사람은 충
고를 받아들인다.
11 쉽게 얻은 재산은 줄어드
나, 손수 모은 재산은 늘어난
다.
12 소망이 이루어지지 않으면 마
음이 병들지만, 소원이 이루
어지면 생명나무를 얻는다.
13 말씀을 멸시하는 사람은 스
스로 망하지만, 계명을 두려
워하는 사람은 상을 받는다.
14 지혜 있는 사람의 가르침
은 생명의 샘이니, 죽음의 그
물에서 벗어나게 한다.
15 선한 지혜는 은혜를 베푸나,
배신자의 길은 스스로 멸망
하는 길이다.
16 영리한 사람은 잘 알고 행동
하지만, 미련한 사람은 어리
석음만을 드러낸다.
17 못된 전령은 사람을 재앙에
빠지게 하지만, 충직한 사신
은 재앙을 물리치는 일을 한
다.
18 훈계를 저버리면 가난과
수치가 닥치지만, 꾸지람을
받아들이면 존경을 받는다.
19 소원이 이루어지면 마음이 즐
겁지만, 미련한 사람은 악에
서 떠나기를 싫어한다.
20 지혜로운 사람과 함께 다니
면 지혜를 얻지만, 미련한
사람과 사귀면 해를 입는다.
21 죄인에게는 재앙이 따르지만,
의인에게는 좋은 보상이 따
른다.
22 선한 사람의 유산은 자손 대
대로 이어지지만, 죄인의 재
산은 의인에게 주려고 쌓은
것이다.
23 가난한 사람이 경작한 밭에
서는 많은 소출이 날 수도 있
으나, 불의가 판을 치면 그에
게 돌아갈 몫이 없다.
24 매를 아끼는 것은 자식을 사

강하지 않는 것이다. 자식을
사랑하는 사람은 훈계를 게
을리하지 않는다.
25 의인은 배불리 먹지만, 악인
은 배를 주린다.

지혜가 주는 유익

14 지혜로운 여자는 집을 세
우지만, 어리석은 여자는 제
손으로 집을 무너뜨린다.
2 바른길을 걷는 사람은 주님
을 경외하지만, 그릇된 길을
걷는 사람은 주님을 경멸한
다.
3 미련한 사람의 말은 교만하
여 매를 자청하지만, 지혜로
운 사람의 말은 그를 지켜
준다.
4 소가 없으면 구유는 깨끗하
지만, 소가 힘을 쓰면 소출이
많아진다.
5 진실한 증인은 거짓말을 아
니하여도, 거짓 증인은 거짓
말을 뱉는다.
6 거만한 사람은 지혜를 구
해도 얻지 못하지만, 명철한
사람은 쉽게 지식을 얻는다.
7 미련한 사람의 앞을 떠나라.
네가 그의 말에서 지식을 배
우지 못할 것이다.
8 슬기로운 사람의 지혜는 자
기가 가는 길을 깨닫게 하지
만, 미련한 사람의 어리석음
은 자기를 속인다.
9 어리석은 사람은 속죄제사를
우습게 여기지만, 정직한 사
람은 하나님의 은총을 누린
다.
10 마음의 고통은 자기만 알
고, 마음의 기쁨도 남이 나누
어 가지지 못한다.
11 악한 사람의 집은 망하고,
정직한 사람의 장막은 흥한
다.
12 사람의 눈에는 바른길 같이
보이나, 마침내는 죽음에 이르
는 길이 있다.
13 웃어도 마음이 아플 때가 있
고, 즐거워도 끝에 가서 슬플
때가 있다.
14 마음이 비뚤어진 사람은 자
기가 한 만큼 보응을 받고,
선한 사람도 자기가 한 만
큼 보응을 받는다.
15 어수룩한 사람은 모든 말
을 다 믿지만, 슬기로운 사람
은 행동을 삼간다.

16 지혜 있는 사람은 두려워할
줄 알아서 악을 피하지만, 미
련한 사람은 자신만만 해서
조심할 줄을 모른다.
17 성을 잘 내는 사람은 어리석
은 일을 하고, 음모를 꾸미는
사람은 미움을 받는다.
18 어수룩한 사람은 어수룩함을
유산으로 삼지만, 슬기로운 사
람은 지식을 면류관으로 삼는
다.
19 악인은 선한 사람 앞에
엎드리고, 불의한 사람은 의
인의 문 앞에 엎드린다.
20 가난한 사람은 이웃에게도
미움을 받지만, 부자에게는
많은 친구가 따른다.
21 이웃을 멸시하는 사람은 죄
를 짓는 사람이지만, 가난한
사람에게 은혜를 베푸는 사
람은 복이 있는 사람이다.
22 악을 꾀하는 사람은 길을 잘
못 가는 것이나, 선을 계획하
는 사람은 인자와 진리를 얻
는다.
23 모든 수고에는 이득이 있는
법이지만, 말이 많으면 가난
해질 뿐이다.
24 지혜는 지혜 있는 사람의 면
류관이지만 어리석음은 미련
한 사람의 화환이다.
25 증인이 진실을 말하면 남의
생명을 건지지만, 증인이 위
증을 하면 배신자가 된다.
26 주님을 경외하면 강한 믿
음이 생기고, 그 자식들에게
도 피난처가 생긴다.
27 주님을 경외하는 것이 생명
의 샘이니, 죽음의 그물에서
벗어나게 한다.
28 백성이 많은 것은 왕의 영
광이지만, 백성이 적은 것은
통치자의 몰락이다.
29 좀처럼 성을 내지 않는 사람
은 매우 명철한 사람이지만,
성미가 급한 사람은 어리석
음만을 드러낸다.
30 마음이 평안하면 몸에 생기
가 도나, 질투를 하면 뼈까
지 썩는다.
31 가난한 사람을 억압하는 것
은 그를 지으신 분을 모욕하
는 것이지만, 궁핍한 사람에
게 은혜를 베푸는 것은 그를
지으신 분을 공경하는 것이
다.

32 악한 사람은 자기의 악행
때문에 넘어지지만, 의로운
사람은 죽음이 닥쳐도 피할
길이 있다.
33 지혜는 명철한 사람의 마
음에 머물고, 미련한 사람 마
음에는 알려지지 않는다.
34 정의는 나라를 높이지만, 죄
는 민족을 욕되게 한다.
35 슬기로운 신하는 왕의 총애
를 받지만, 수치스러운 일을
하는 신하는 왕의 분노를 산
다.

주님께서 보고 계신다

15 부드러운 대답은 분노를
가라앉히지만, 거친 말은 화
를 돋운다.
2 지혜로운 사람의 혀는 좋은
지식을 베풀지만, 미련한 사
람의 입은 어리석은 말만 쏟
아낸다.
3 주님의 눈은 어느 곳에서
든지, 악한 사람과 선한 사
람을 모두 지켜 보신다.
4 따뜻한 말은 생명나무와 같
지만, 가시돋힌 말은 마음을
상하게 한다.
5 어리석은 사람은 자기 아버
지의 훈계를 업신여기지만,
명철한 사람은 아버지의 책
망을 간직한다.
6 의인의 집에는 많은 재물이
쌓이나, 악인의 소득은 고통
을 가져 온다.
7 지혜로운 사람의 입술은 지식
을 전파하지만, 미련한 사람
의 마음에는 그러한 생각이
없다.
8 악한 사람의 제사는 주님
께서 역겨워하시지만, 정직
한 사람의 기도는 주님께서
기뻐하신다.
9 악한 사람의 길은 주님께서
싫어하시지만, 정의를 따르는
사람은 주님께서 사랑하신다.
10 옳은길을 저버리는 사람은
엄한 징계를 받고, 책망을 싫
어하는 사람은 죽임을 당할
것이다.
11 ‘죽음’과 ‘파멸’도 주님 앞에
서 드러나거늘, 사람의 마음
이야 더욱 그러하지 않겠는
가!
12 거만한 사람은 자기를 책망
하는 사람을 좋아하지 않으
며, 지혜 있는 사람을 찾아

가지도 않는다.
13 즐거운 마음은 얼굴을 밝게
하지만, 근심하는 마음은 너
를 상하게 한다.
14 명철한 사람의 마음은 지식
을 찾지만, 미련한 사람의 입
은 어리석음을 즐긴다.
15 고난받는 사람에게는 모든
날이 다 불행한 날이지만, 마
음이 즐거운 사람에게는 모
든 날이 잔칫날이다.
16 재산이 적어도 주님을 경외
하며 사는 것이, 재산이 많아
서 다투며 사는 것보다 낫다.
17 서로 사랑하며 채소를 먹고
사는 것이, 서로 미워하며 기
름진 쇠고기를 먹고 사는 것
보다 낫다.
18 화를 쉽게 내는 사람은 다
툼을 일으키지만, 성을 더디
내는 사람은 싸움을 그치게
한다.
19 게으른 사람의 길은 가시덤
불로 덮여 있는 것 같지만,
부지런한 사람의 길은 확 트
인 큰길과 같다.
20 지혜로운 아들은 아버지를 기
쁘게 하지만, 미련한 아들은
어머니를 업신여긴다.
21 생각이 모자라는 사람은 미
련함을 즐기지만, 명철한 사
람은 길을 바로 걷는다.
22 의논 없이 세워진 계획은
실패하지만, 조언자들이 많으
면 그 계획이 이루어진다.
23 적절한 대답은 사람을 기쁘
게 하니, 알맞은 말이 제때
에 나오면 참 즐겁다.
24 슬기로운 사람이 걷는 생명
의 길은 위쪽으로 나 있어서,
아래로 난 스올 길을 벗어난
다.
25 주님은 거만한 사람의 집
을 헐어 버리시지만, 과부가
사는 곳의 경계선은 튼튼히
세워 주신다.
26 악한 사람의 꾀는 주님께서
역겨워하시지만, 친절한 사람
의 말은 정결한 제물처럼 받
으신다.
27 불의한 이익을 탐내는 사람
은 자기 집에 해를 끼치지
만, 뇌물을 거절하는 사람은
오래 산다.
28 의인의 마음은 대답할 말을
깊이 생각하지만, 악인의 입

은 악한 말을 쏟아낸다.
29 주님은 악인을 멀리하시지
만, 의인의 기도는 들어주신다.
30 밝은 얼굴은 사람을 기쁘게
하고, 좋은 소식은 사람을 낫
게 한다.
31 목숨을 살리는 책망에 귀 기
울이는 사람은 지혜로운 사
람들 사이에 자리를 잡는다.
32 훈계를 싫어하는 사람은 자
기 생명을 가볍게 여기는 사
람이지만, 책망을 잘 듣는 사
람은 지식을 얻는 사람이다.
33 주님을 경외하라는 것은 지
혜가 주는 훈계이다. 겸손하
면 영광이 따른다.

주님께서 결정하신다

16 계획은 사람이 세우지만,
결정은 주님께서 하신다.
2 사람의 행위는 자기 눈에는
모두 깨끗하게 보이나, 주님
께서는 속마음을 꿰뚫어 보
신다.
3 네가 하는 일을 주님께 맡기
면, 계획하는 일이 이루어질
것이다.
4 주님께서는 모든 것을 그
쓰임에 알맞게 만드셨으니,
악인은 재앙의 날에 쓰일 것
이다.
5 주님께서는 마음이 거만한
모든 사람을 역겨워하시니,
그들은 틀림없이 벌을 받을
것이다.
6 사람이 어질고 진실하게 살
면 죄를 용서받고, 주님을 경
외하면 재앙을 피할 수 있다.
7 사람의 행실이 주님을 기쁘
시게 하면, 그의 원수라도 그
와 화목하게 하여 주신다.
8 의롭게 살며 적게 버는 것이,
불의하게 살며 많이 버는 것
보다 낫다.
9 사람이 마음으로 자기의
앞길을 계획하지만, 그 발걸
음을 인도하시는 분은 주님이
시다.
10 왕이 내리는 판결은 하나님
의 판결이니, 판결할 때에
그릇된 판결을 내리지 않는다.
11 정확한 저울과 천평은 주님
의 것이며, 주머니 속의 저울
추도 다 그분이 만드신 것이
다.
12 왕은 악행을 하는 것을 역겨
워하여야 한다. 공의로만 왕

위가 굳게 설 수 있기 때문
이다.

13 왕은 공의로운 말을 하는 것
을 기쁘게 여겨야 하고, 올바
른 말하기를 좋아하여야 한
다.

14 왕의 진노는 저승사자와 같
지만, 지혜로운 사람은 왕의
진노를 가라앉힌다.

15 왕의 얼굴빛이 밝아야 모두
살 수 있다. 그의 기쁨은 봄비
를 몰고 오는 구름과 같다.

16 지혜를 얻는 것이 금을 얻
는 것보다 낫고, 명철을 얻는
것이 은을 얻는 것보다 낫다.

17 악을 떠나는 것은 정직한 사
람이 가는 큰길이니, 그 길을
지키는 사람은 자기의 생명
을 지킨다.

18 교만에는 멸망이 따르고, 거
만에는 파멸이 따른다.

19 겸손한 사람과 어울려 마음
을 낮추는 것이, 거만한 사람
과 어울려 전리품을 나누는
것보다 낫다.

20 말씀에 따라 조심하며 사는
사람은 일이 잘 되고, 주님을
믿는 사람은 행복하다.

21 마음이 지혜로운 사람을 명
철하다 한다. 말이 부드러우
면, 더욱 많은 지혜를 가르친
다.

22 명철한 사람에게는 그 명철
함이 생명의 샘이 되지만, 어
리석은 사람에게는 그 어리
석음이 벌이 된다.

23 마음이 지혜로운 사람은 말
을 신중하게 하고, 하는 말
에 설득력이 있다.

24 선한 말은 꿀송이 같아서,
마음을 즐겁게 하여 주고, 쑤
시는 뼈를 낫게 하여 준다.

25 사람의 눈에는 바른길 같이
보이나, 마침내는 죽음에 이르
는 길이 있다.

26 허기진 배가 일하게 만들고
그 입이 사람을 몰아세운다.

27 불량한 사람은 악을 꾀한
다. 그들의 말은 맹렬한 불과
같다.

28 비뚤어진 말을 하는 사람은
다툼을 일으키고, 중상하는
사람은 친한 벗들을 이간시
킨다.

29 폭력을 쓰는 사람은 그 이
웃을 윽박질러서, 좋지 않은

길을 가게 한다.
30 눈짓을 하는 사람은 그릇된
일을 꾀하고, 음흉하게 웃는
사람은 악한 일을 저지른다.
31 백발은 영화로운 면류관이
니, 의로운 길을 걸어야 그것
을 얻는다.
32 노하기를 더디 하는 사람은
용사보다 낫고, 자기의 마음
을 다스리는 사람은 성을 점
령한 사람보다 낫다.
33 제비는 사람이 뽑지만, 결정
은 주님께서 하신다.

주님께서 우리의 생각을 살피신다

17 마른 빵 한 조각을 먹으며
화목하게 지내는 것이, 진수
성찬을 가득히 차린 집에서
다투며 사는 것보다 낫다.
2 슬기로운 종은 부끄러운 일을
하는 주인집 아들을 다스리
고, 그 집 자녀들과 함께 유
산을 나누어 받는다.
3 도가니는 은을, 화덕은 금을
단련하지만, 주님께서는 사
람의 마음을 단련하신다.
4 악을 행하는 사람은 사악한
말에 솔깃하고, 거짓말을 하
는 사람은 중상하는 말에 귀
를 기울인다.
5 가난한 사람을 조롱하는 것
은 그를 지으신 분을 모욕하
는 것이다. 남의 재앙을 기뻐
하는 사람은 형벌을 면하지
못한다.
6 손자는 노인의 면류관이요,
어버이는 자식의 영광이다.
7 거만한 말이 미련한 사람
에게는 안 어울린다. 하물며
거짓말이 통치자에게 어울리
겠느냐?
8 뇌물을 쓰는 사람의 눈에는
뇌물이 요술방망이처럼 보인
다. 어디에 쓰든 안 되는 일
이 없다.
9 허물을 덮어 주면 사랑을 받
고, 허물을 거듭 말하면 친구
를 갈라놓는다.
10 미련한 사람을 백 번 매질하
는 것보다 슬기로운 사람을
한 번 징계하는 것이 더 효
과가 있다.
11 반역만을 꾀하는 악한 사
람은 마침내 잔인한 사신의
방문을 받는다.
12 어리석은 일을 하는 미련한
사람을 만나느니, 차라리 새

끼 빼앗긴 암곰을 만나라.
13 악으로 선을 갚으면, 그의 집
에서 재앙이 떠나지 않는다.
14 다툼의 시작은 둑에서 물이
새어 나오는 것과 같으니, 싸
움은 일어나기 전에 그만두
어라.
15 악인을 의롭다고 하거나, 의
인을 악하다고 하는 것은,
둘 다 주님께서 싫어하신다.
16 미련한 사람의 손에 돈이 있
은들, 배울 마음이 없으니 어
찌 지혜를 얻겠느냐?
17 사랑이 언제나 끊어지지
않는 것이 친구이고, 고난을
함께 나누도록 태어난 것이
혈육이다.
18 지각 없는 사람 서약 함부로
하고, 남의 빚 보증 잘 선다.
19 벌받기를 좋아하는 사람은
싸우기를 좋아한다. 패가망
신을 원하는 사람은 집을 치
장하기를 좋아한다.
20 마음이 비뚤어진 사람은 복
을 얻지 못하고, 거짓말만 하
는 혀를 가진 사람은 재앙
에 빠진다.
21 미련한 자식을 둔 부모는 걱
정이 그칠 새가 없고, 어리석
은 자식을 둔 부모는 기쁨이
없다.
22 즐거운 마음은 병을 낫게 하
지만, 근심하는 마음은 뼈를
마르게 한다.
23 악인은 가슴에 안겨 준 뇌
물을 먹고서, 재판을 그르친
다.
24 슬기로운 사람의 눈은 지혜
를 가까이에서 찾지만, 미련
한 사람은 눈을 땅 끝에 둔
다.
25 미련한 자식은 아버지의 근
심이고, 어머니의 고통이다.
26 의로운 사람을 벌주는 것은
옳은일이 아니다. 존귀한 사
람을 정직하다고 하여 때리
는 것도 바른일이 아니다.
27 아는 것이 많은 사람은 말을
삼가고, 슬기로운 사람은 정
신이 냉철하다.
28 어리석은 사람도 조용하면
지혜로워 보이고, 입술을 다물
고 있으면 슬기로워 보인다.

죄를 옹호하는 것은 잘못이다

18 다른 사람과 어울리지 못
하는 사람은 자기 욕심만

채우려 하고, 건전한 판단력
을 가진 사람을 적대시한다.
2 미련한 사람은 명철을 좋아
하지 않으며, 오직 자기 의견
만을 내세운다.
3 악한 사람이 오면 멸시가 뒤
따르고, 부끄러운 일 뒤에는
모욕이 따른다.
4 슬기로운 사람의 입에서 나오
는 말은 깊은 물과 같고, 지
혜의 샘은 세차게 흐르는 강
처럼 솟는다.
5 악인을 두둔하는 것과 재판
에서 의인을 억울하게 하는
일은 옳지 않다.
6 미련한 사람의 입술은 다
툼을 일으키고, 그 입은 매를
불러들인다.
7 미련한 사람의 입은 자기를
망하게 만들고, 그 입술은 올
무가 되어 자신을 옭아맨다.
8 헐뜯기를 잘하는 사람의 말
은 맛있는 음식과 같아서, 뱃
속 깊은 데로 내려간다.
9 자기 일을 게을리하는 자는,
일을 망치는 자와 형제간이다.
10 주님의 이름은 견고한 성
루이므로, 의인이 그 곳으로
달려가면, 아무도 뒤쫓지 못
한다.
11 부자의 재산은 그의 견고한
성이 되니, 그는 그것을 아무
도 못 오를 높은 성벽처럼 여
긴다.
12 사람의 마음이 오만하면
멸망이 뒤따르지만, 겸손하
면 영광이 뒤따른다.
13 다 들어 보지도 않고 대답하
는 것은, 수모를 받기에 알맞
은 어리석은 짓이다.
14 사람이 정신으로 병을 이길
수 있다지만, 그 정신이 꺾인
다면, 누가 그를 일으킬 수
있겠느냐?
15 명철한 사람의 마음은 지식
을 얻고, 지혜로운 사람의 귀
는 지식을 구한다.
16 선물은 사람이 가는 길을 넓
게 열어 주고, 그를 높은 사
람 앞으로 이끌어 준다.
17 송사에서는 먼저 말하는 사
람이 옳은 것 같으나, 상대방
이 와 보아야 사실이 밝혀진
다.
18 제비를 뽑으면 다툼이 끝나
고, 강한 사람들 사이의 논쟁

이 판가름 난다.
19 노엽게 한 친척과 가까워지
기는 견고한 성을 함락시키
는 것보다 어려우니, 그 다툼
은 마치 꺾이지 않는 성문의
빗장과 같다.
20 사람의 입에서 나오는 말
의 열매가 사람의 배를 채워
주고, 그 입술에서 나오는 말
의 결과로 만족하게 된다.
21 죽고 사는 것이 혀의 힘에
달렸으니, 혀를 잘 쓰는 사람
은 그 열매를 먹는다.
22 아내를 맞이한 사람은 복을
찾은 사람이요, 주님으로부터
은총을 받은 사람이다.
23 가난한 사람은 간절한 말로
구걸하지만, 부유한 사람은
엄한 말로 대답한다.
24 친구를 많이 둔 사람은 해를
입기도 하지만 동기간보다
더 가까운 친구도 있다.

참는 것이 지혜

19 거짓말을 하며 미련하게
사는 사람보다는, 가난해도
흠 없이 사는 사람이 낫다.
2 지식이 없는 열심은 좋은 것
이라 할 수 없고, 너무 서두
러도 발을 헛디딘다.
3 사람은 미련해서 스스로 길
을 잘못 들고도, 마음 속으로
주님을 원망한다.
4 재물은 친구를 많이 모으
나, 궁핍하면 친구도 떠난다.
5 거짓 증인은 벌을 피할 수
없고, 거짓말을 하는 사람도
벌을 피할 길이 없다.
6 너그럽게 주는 사람에게는
은혜 입기를 원하는 사람이
많고, 선물을 잘 주는 사람에
게는 모두가 친구이다.
7 가난하면 친척도 그를 싫어
하는데, 하물며 친구가 그를
멀리하지 않겠느냐? 뒤따라
가며 말을 붙이려 하여도, 아
무런 소용이 없다.
8 지혜를 얻는 사람은 자기
영혼을 사랑하고, 명철을 지
키는 사람은 복을 얻는다.
9 거짓 증인은 벌을 피할 수
없고, 거짓말을 하는 사람은
망하고 만다.
10 미련한 사람이 사치스럽게
사는 것도 마땅하지 않은데,
하물며 종이 고관들을 다스리
는 것이랴?

11 노하기를 더디 하는 것은 사
람의 슬기요, 허물을 덮어 주
는 것은 그의 영광이다.
12 왕의 분노는 사자가 소리지르
는 것과 같고, 그의 은혜는
풀 위에 내리는 이슬과 같다.
13 미련한 아들은 아버지에게
파멸을 가져다 주고, 다투기
를 잘하는 아내는 새는 천장
에서 떨어지는 물과 같다.
14 집과 재물은 조상에게서 물
려받은 유산이지만, 슬기로운
아내는 주님께서 주신다.
15 게으른 사람은 깊은 잠에 빠
지고, 나태한 사람은 굶주릴
것이다.
16 계명을 지키는 사람은 제
목숨을 지키지만, 자기 행실
을 주의하지 않는 사람은 죽
는다.
17 가난한 사람에게 은혜를 베
푸는 것은 주님께 꾸어드리
는 것이니, 주님께서 그 선행
을 넉넉하게 갚아 주신다.
18 네 아들을 훈계하여라. 그래
야 희망이 있다. 그러나 그를
죽일 생각은 품지 말아야 한
다.
19 성격이 불 같은 사람은 벌을
받는다. 네가 그를 구하여 준
다고 해도 그 때뿐, 구하여
줄 일이 또 생길 것이다.
20 충고를 듣고 훈계를 받아들여
라. 그리하면 마침내 지혜롭
게 된다.
21 사람의 마음에 많은 계획
이 있어도, 성취되는 것은 오
직 주님의 뜻뿐이다.
22 사람에게서 바랄 것은 성실
이다. 거짓말쟁이가 되느니,
차라리 가난뱅이가 되는 것
이 낫다.
23 주님을 경외하며 살면 생명
을 얻는다. 그는 만족스러운
생활을 하며, 재앙을 만나지
않는다.
24 게으른 사람은 밥그릇에
손을 대고서도, 입에 떠 넣기
를 귀찮아한다.
25 오만한 사람을 치면, 어수룩
한 사람도 깨닫는다. 명철한
사람을 꾸짖으면, 그가 지식
을 얻는다.
26 아버지를 구박하고 어머니를
쫓아내는 자식은, 부끄러움과
수치를 끌어들이는 자식이다.

27 아이들아, 지식의 말씀에서 벗
어나게 하는 훈계는 듣지 말
아라.
28 악한 증인은 정의를 비웃고,
악인의 입은 죄악을 통째로
삼킨다.
29 오만한 사람에게는 심판이
준비되어 있고, 미련한 사람
의 등에는 매가 준비되어 있
다.

금보다 귀한 지혜

20 포도주는 사람을 거만하
게 만들고, 독한 술은 사람
을 소란스럽게 만든다. 이것
에 빠지는 사람은 누구든지
지혜롭지 않다.
2 왕의 노여움은 사자의 부르짖
음과 같으니, 그를 노하게 하
면 목숨을 잃는다.
3 다툼을 멀리하는 것이 자랑
스러운 일인데도, 어리석은
사람은 누구나 쉽게 다툰다.
4 게으른 사람은 제 철에 밭
을 갈지 않으니, 추수 때에
거두려고 하여도 거둘 것이
없다.
5 사람의 생각은 깊은 물과 같
지만, 슬기로운 사람은 그것
을 길어 낸다.
6 스스로를 성실하다고 말하
는 사람은 많으나, 누가 참으
로 믿을 만한 사람을 만날
수 있느냐?
7 의인은 흠 없이 살며, 그의
자손이 복을 받는다.
8 재판석에 앉은 왕은 모든 악
을 한눈에 가려낸다.
9 누가 "나는 마음이 깨끗하다.
나는 죄를 말끔히 씻었다" 하
고 말할 수 있겠느냐?
10 규격에 맞지 않은 저울추
와 되는 모두 주님께서 미워
하시는 것이다.
11 비록 아이라 하여도 자기 행
위로 사람됨을 드러낸다. 그
가 하는 행실을 보면, 그가
깨끗한지 더러운지, 올바른지
그른지, 알 수 있다.
12 듣는 귀와 보는 눈, 이 둘은
다 주님께서 지으셨다.
13 가난하지 않으려면 잠을 좋
아하지 말고, 먹거리를 풍족
히 얻으려면 깨어 있어라.
14 물건을 고를 때는 "나쁘다,
나쁘다" 하지만, 사 간 다음
에는 잘 샀다고 자랑한다.

15 세상에 금도 있고 진주도 많
이 있지만, 정말 귀한 보배는
지각 있게 말하는 입이다.
16 남의 보증을 선 사람은 자
기의 옷을 잡혀야 하고, 모르
는 사람의 보증을 선 사람은
자기의 몸을 잡혀야 한다.
17 사람들은 속여서 얻은 빵이
맛있다고 하지만, 훗날에 그
입에 모래가 가득 찰 것이다.
18 계획은 사람들의 뜻을 모아
서 세우고, 전쟁은 전략을 세
워 놓고 하여라.
19 험담하며 돌아다니는 사람
은 남의 비밀을 새게 하는
사람이니, 입을 벌리고 다니
는 사람과는 어울리지 말아
라.
20 부모를 저주하는 자식은 암
흑 속에 있을 때에 등불이
꺼진다.
21 처음부터 빨리 모은 재산은
행복하게 끝을 맺지 못한다.
22 "악을 갚겠다" 하지 말아라.
주님을 기다리면, 그분이 너
를 구원하신다.
23 규격에 맞지 않은 저울추
는 주님께서 미워하신다. 속
이는 저울은 나쁜 것이다.
24 사람의 발걸음은 주님으로
말미암은 것이니 사람이 어
찌 자기의 길을 알 수 있겠
느냐!
25 경솔하게 "이것은 거룩하다"
하여 함부로 서원하여 놓고,
나중에 생각이 달라지는 것
은, 사람이 걸리기 쉬운 올가
미이다.
26 지혜로운 왕은 악인을 키질
하며, 그들 위에 타작기의 바
퀴를 굴린다.
27 주님은 사람의 영혼을 환히
비추시고, 사람의 마음 속 깊
은 곳까지 살펴보신다.
28 인자와 진리가 왕을 지켜 주
고, 정의가 그의 보좌를 튼튼
하게 한다.
29 젊은이의 자랑은 힘이요, 노인
의 영광은 백발이다.
30 상처가 나도록 때려야 악이
없어진다. 매는 사람의 속 깊
은 곳까지 들어간다.

주님께서 이끄신다

21 왕의 마음은 흐르는 물줄기
같아서 주님의 손 안에 있다.
주님께서 원하시는 대로 왕

을 이끄신다.
2 사람의 행위는 자기의 눈에
는 모두 옳게 보이나, 주님께
서는 그 마음을 꿰뚫어 보신
다.
3 주님께서는 정의와 공평을
지키며 사는 것을 제사를 드
리는 일보다 더 반기신다.
4 거만한 눈과 오만한 마음,
이러한 죄는 악인을 구별하
는 표지이다.
5 부지런한 사람의 계획은 반
드시 이득을 얻지만, 성급한
사람은 가난해질 뿐이다.
6 속여서 모은 재산은, 너를
죽음으로 몰아넣고, 안개처럼
사라진다.
7 악인의 폭력은 자신을 멸망
으로 이끄니, 그가 바르게 살
기를 거부하기 때문이다.
8 죄인의 길은 구부러졌지만,
깨끗한 사람의 행실은 올바
르다.
9 다투기를 좋아하는 여자와
넓은 집에서 함께 사는 것보
다, 차라리 다락 한 구석에
서 혼자 사는 것이 더 낫다.
10 악인은 마음에 악한 것만을
바라니, 가까운 이웃에게도
은혜를 베풀지 못한다.
11 오만한 사람이 벌을 받으면
어수룩한 사람이 깨닫고, 지
혜로운 사람이 책망을 받으
면 지식을 더 얻는다.
12 의로우신 하나님은 악인의
집을 주목하시고, 그를 재앙
에 빠지게 하신다.
13 가난한 사람의 부르짖음에
귀를 막으면, 자기가 부르짖
을 때에 아무도 대답하지 않
는다.
14 은밀하게 주는 선물은 화를
가라앉히고, 품 속에 넣어 주
는 뇌물은 격한 분노를 가라
앉힌다.
15 정의가 실현될 때에, 의인은
기뻐하고, 악인은 절망한다.
16 슬기로운 길에서 빗나가는
사람은 죽은 사람들과 함께
쉬게 될 것이다.
17 향락을 좋아하는 사람은 가
난하게 되고, 술과 기름을 좋
아하는 사람도 부자가 되지
못한다.
18 악인은 의로운 사람 대신
에 치르는 몸값이 되고, 사기

곧은 정직한 사람 대신에 치
르는 몸값이 된다.
19 다투며 성내는 아내와 함께
사는 것보다, 광야에서 혼자
사는 것이 더 낫다.
20 지혜 있는 사람의 집에는 값
진 보물과 기름이 있지만, 미
련한 사람은 그것을 모두 탕
진하여 버린다.
21 정의와 신의를 좇아서 살면,
생명과 번영과 영예를 얻는
다.
22 지혜로운 사람은 용사들이 지
키는 성에 올라가서, 그들이
든든히 믿는 요새도 무너뜨린
다.
23 입과 혀를 지킬 수 있는 사
람은, 역경 속에서도 자기의
목숨을 지킬 수 있다.
24 교만하고 건방진 사람을 오
만한 자라고 하는데, 그런
사람은 우쭐대며 무례하게
행동한다.
25 게으른 사람의 욕심이 스
스로를 죽이기까지 하는 것
은, 어떠한 일도 제 손으로
하기를 싫어하기 때문이다.
26 악인은 온종일 탐하기만 하
지만, 의인은 아끼지 않고 나
누어 준다.
27 악인의 제물이 역겨운 것
이라면, 악한 의도로 바치는
것이야 더욱 그렇지 않겠는
가?
28 위증을 하는 사람의 증언은
사라지지만, 사실대로 말하는
사람의 증언은 채택된다.
29 악한 사람은 얼굴이 뻔뻔스
러우나, 정직한 사람은 자기
의 행실을 잘 살핀다.
30 그 어떠한 지혜도, 명철도,
계략도, 주님을 대항하지 못
한다.
31 전쟁을 대비하여 군마를 준
비해도, 승리는 오직 주님께
달려 있다.

훈계의 가치…서른 가지 교훈

22 많은 재산보다는 명예를
택하는 것이 낫고, 은이나
금보다는 은총을 택하는 것이
낫다.
2 부유한 사람과 가난한 사람
이 다 함께 얽혀서 살지만,
이들 모두를 지으신 분은 주
님이시다.
3 슬기로운 사람은 재앙을 보

면 숨고 피하지만, 어수룩한
사람은 고집을 부리고 나아
가다가 화를 입는다.
4 겸손한 사람과 주님을 경
외하는 사람이 받을 보상은
재산과 영예와 장수이다.
5 마음이 비뚤어진 사람의 길
에는 가시와 올무가 있으나,
자기 영혼을 지키는 사람은
그런 길을 멀리한다.
6 마땅히 걸어야 할 그 길을
아이에게 가르쳐라. 그러면
늙어서도 그 길을 떠나지 않
는다.
7 가난하면 부자의 지배를 받
고, 빚지면 빚쟁이의 종이 된
다.
8 악을 뿌리는 사람은 재앙을
거두고, 분노하여 휘두르던 막
대기는 기세가 꺾인다.
9 남을 잘 보살펴 주는 사람
이 복을 받는 것은, 그가 자
기의 먹거리를 가난한 사람
에게 나누어 주기 때문이다.
10 거만한 사람을 쫓아내면 다
툼이 없어지고, 싸움과 욕설
이 그친다.
11 깨끗한 마음을 간절히 바라
며 덕을 끼치는 말을 하는
사람은, 왕의 친구가 된다.
12 주님의 눈은 지식 있는 사
람을 지켜 보시지만, 신의가
없는 사람의 말은 뒤엎으신
다.
13 게으른 사람은 핑계 대기를
"바깥에 사자가 있다. 거리에
나가면 찢겨 죽는다" 한다.
14 음행하는 여자의 입은 깊은
함정이니, 주님의 저주를 받
는 사람이 거기에 빠진다.
15 아이의 마음에는 미련한 것
이 얽혀 있으나, 훈계의 매가
그것을 멀리 쫓아낸다.
16 이익을 탐해서, 가난한 사람
을 학대하는 사람과, 부자에
게 자꾸 가져다 주는 사람
은, 가난해질 뿐이다.
17 귀를 기울여서 지혜 있는
사람의 말을 듣고, 나의 가르
침을 너의 마음에 새겨라.
18 그것을 깊이 간직하며, 그것
을 모두 너의 입술로 말하면,
너에게 즐거움이 된다.
19 이는 네가 주님을 의뢰하며
살도록 하려고 오늘 내가 너
에게 특별히 알려 주는 것이

다.
20 내가 너에게, 건전한 충고가
담긴 서른 가지 교훈을 써
주지 않았느냐?
21 이는 네가 진리의 말씀을 깨
달아서, 너에게 묻는 사람에
게 바른 대답을 할 수 있게
하려 함이다.

-1-

22 가난하다고 하여 그 가난
한 사람에게서 함부로 빼앗
지 말고, 고생하는 사람을 법
정에서 압제하지 말아라.
23 주님께서 그들의 송사를 맡
아 주시고, 그들을 노략하는
사람의 목숨을 빼앗으시기
때문이다.

-2-

24 성급한 사람과 사귀지 말
고, 성을 잘 내는 사람과 함
께 다니지 말아라.
25 네가 그 행위를 본받아서 그
올무에 걸려 들까 염려된다.

-3-

26 이웃의 손을 잡고 서약하
거나, 남의 빚에 보증을 서지
말아라.
27 너에게 갚을 것이 아무것도
없다면, 네가 누운 침대까지
도 빼앗기지 않겠느냐?

-4-

28 너의 선조들이 세워 놓은
그 옛 경계표를 옮기지 말아
라.

-5-

29 자기 일에 능숙한 사람을
네가 보았을 것이다. 그런 사
람은 왕을 섬길 것이요, 대수
롭지 않은 사람을 섬기지는
않을 것이다.

-6-

23 네가 높은 사람과 함께
앉아 음식을 먹게 되거든,
너의 앞에 누가 앉았는지를
잘 살펴라.
2 식욕이 마구 동하거든, 목에
칼을 대고서라도 억제하여라.
3 그가 차린 맛난 음식에 욕심
을 내지 말아라. 그것은 너를
꾀려는 음식이다.

-7-

4 부자가 되려고 애쓰지 말
고, 그런 생각을 끊어 버릴
슬기를 가져라.
5 한순간에 없어질 재물을 주
목하지 말아라. 재물은 날개

를 닫고, 독수리처럼 하늘로
날아가 버린다.

-8-

6 너는 인색한 사람의 상에
서 먹지 말고, 그가 즐기는
맛난 음식을 탐내지 말아라.
7 무릇 그 마음의 생각이 어떠
하면 그의 사람됨도 그러하
니, 그가 말로는 '먹고 마셔
라' 하여도, 그 속마음은 너를
떠나 있다.
8 네가 조금 먹은 것조차 토하
겠고, 너의 아첨도 헛된 데
로 돌아갈 것이다.

-9-

9 미련한 사람의 귀에는 아
무 말도 하지 말아라. 그가
너의 슬기로운 말을 업신여길
것이기 때문이다.

-10-

10 옛날에 세워 놓은 밭 경계
표를 옮기지 말며, 고아들의
밭을 침범하지 말아라.
11 그들의 구원자는 강한 분이시
니, 그분이 그들의 송사를 맡
으셔서 너를 벌하실 것이다.

-11-

12 훈계를 너의 마음에 간직
하고, 지식이 담긴 말씀에 너
의 귀를 기울여라.

-12-

13 아이 꾸짖는 것을 삼가지
말아라. 매질을 한다고 하여
서 죽지는 않는다.
14 그에게 매질을 하는 것이, 오
히려 그의 목숨을 스올에서
구하는 일이다.

-13-

15 내 아이들아, 너의 마음이
지혜로우면, 나의 마음도 또
한 즐겁다.
16 네가 입을 열어 옳은말을 할
때면, 나의 속이 다 후련하
다.

-14-

17 죄인들을 보고 마음 속으로
부러워하지 말고, 늘 주님을
경외하여라.
18 그러면, 너의 미래가 밝아지
고, 너의 소망도 끊어지지 않
는다.

-15-

19 내 아이들아, 너는 잘 듣고
지혜를 얻어서, 너의 마음을
바르게 이끌어라.
20 너는 술을 많이 마시는 사람

이나 고기를 탐하는 사람과
는 어울리지 말아라.
21 늘 술에 취해 있으면서 먹기
만을 탐하는 사람은 재산을
탕진하게 되고, 늘 잠에 빠
져 있는 사람은 누더기를 걸
치게 된다.

-16-

22 너를 낳아 준 아버지에게
순종하고 늙은 어머니를 업신
여기지 말아라.
23 진리를 사들이되 팔지는 말
아라. 지혜와 훈계와 명철도
그렇게 하여라.
24 의인의 아버지는 크게 기뻐
할 것이며, 지혜로운 자식을
둔 아버지는 크게 즐거워할
것이다.
25 너의 어버이를 즐겁게 하여
라. 특히 너를 낳은 어머니를
기쁘게 하여라.

-17-

26 내 아이들아! 나를 눈여겨
보고, 내가 걸어온 길을 기
꺼이 따라라.
27 음란한 여자는 깊은 구렁이
요, 부정한 여자는 좁은 함정
이다.
28 강도처럼 남자를 노리고 있다
가, 술한 남자를 변절자로 만
든다.

-18-

29 재난을 당할 사람이 누구
며, 근심하게 될 사람이 누
구냐? 다투게 될 사람이 누
구며, 탄식할 사람이 누구냐?
까닭도 모를 상처를 입을 사
람이 누구며, 눈이 충혈될 사
람이 누구냐?
30 늦게까지 술자리에 남아 있
는 사람들, 혼합주만 찾아 다
니는 사람들이 아니냐!
31 잔에 따른 포도주가 아무리
붉고 고와도, 마실 때에 순하
게 넘어가더라도, 너는 그것
을 쳐다보지도 말아라.
32 그것이 마침내 뱀처럼 너를
물고, 독사처럼 너를 쏠 것이
며,
33 눈에는 괴이한 것만 보일 것
이며, 입에서는 허튼 소리만
나올 것이다.
34 바다 한가운데 누운 것 같
고, 돛대 꼭대기에 누운 것
같을 것이다.
35 "사람들이 나를 때렸는데도

아프지 않고, 나를 쳤는데도
아무렇지 않다. 이 술이 언제
깨지? 술이 깨면, 또 한 잔
해야지" 하고 말할 것이다.

-19-

24 너는 악한 사람을 부러워
하지 말며, 그들과 어울리
고 싶어하지도 말아라.
2 그들의 마음은 폭력을 꾀하
고, 그들의 입술은 남을 해칠
말만 하기 때문이다.

-20-

3 집은 지혜로 지어지고, 명
철로 튼튼해진다.
4 지식이 있어야, 방마다 온갖
귀하고 아름다운 보화가 가
득 찬다.

-21-

5 지혜가 있는 사람은 힘이
센 사람보다 더 강하고, 지
식이 있는 사람은 기운이 센
사람보다 더 강하다.
6 전략을 세운 다음에야 전쟁
을 할 수 있고, 참모가 많아
야 승리할 수 있다.

-22-

7 지혜는 너무 높이 있어서,
어리석은 사람이 거기에 미치
지 못하니, 어리석은 사람은
사람이 모인 데서 입을 열지
못한다.

-23-

8 늘 악한 일만 꾀하는 사
람은, 이간질꾼이라고 불린다.
9 어리석은 사람은 죄짓는 것
만 계획한다. 오만한 사람은
누구에게나 미움을 받는다.

-24-

10 재난을 당할 때에 낙심하
는 것은, 너의 힘이 약하다는
것을 드러내는 것이다.

-25-

11 너는 죽을 자리로 끌려가
는 사람을 건져 주고, 살해
될 사람을 돕는 데 인색하지
말아라.
12 너는 그것이 '내가 알 바 아
니라'고 생각하며 살겠지만,
마음을 헤아리시는 주님께서
어찌 너의 마음을 모르시겠느
냐? 너의 목숨을 지키시는 주
님께서 다 알고 계시지 않겠
느냐? 그분은 각 사람의 행
실대로 갚으실 것이다.

-26-

13 내 아이들아, 꿀을 먹어라.

그것은 좋은 것이다. 송이꿀
을 먹어라. 그것은 너의 입에
달콤할 것이다.
14 지혜도 너의 영혼에게는 그
와 같다는 것을 알아라. 그것
을 얻으면 너의 장래가 밝아
지고, 너의 소망이 끊어지지
않는다.

-27-

15 악한 사람아, 의인의 집을
노리지 말고, 그가 쉬는 곳을
헐지 말아라.
16 의인은 일곱 번을 넘어지더
라도 다시 일어나지만, 악인
은 재앙을 만나면 망한다.

-28-

17 원수가 넘어질 때에 즐거
워하지 말고, 그가 걸려서 쓰
러질 때에 마음에 기뻐하지
말아라.
18 주님께서 이것을 보시고 좋
지 않게 여기셔서, 그 노여움
을 너의 원수로부터 너에게로
돌이키실까 두렵다.

-29-

19 행악자 때문에 분개하지
도 말고, 악인을 시기하지도
말아라.
20 행악자에게는 장래가 없고,
악인의 등불은 꺼지고 만다.

-30-

21 내 아이들아, 주님과 왕을
경외하고, 변절자들과 사귀지
말아라.
22 그들이 받을 재앙은 갑자기
일어나는 것이니, 주님이나 왕
이 일으킬 재난을 누가 알겠
느냐?

추가 교훈

23 몇 가지 교훈이 더 있다.
재판할 때에 얼굴을 보아
재판하는 것은 옳지 않다.
24 악인에게 '네가 옳다' 하는
자는 백성에게서 저주를 받
고, 뭇 민족에게서 비난을 받
을 것이다.
25 그러나 악인을 꾸짖는 사람
은 기쁨을 얻을 것이며, 좋은
복도 받을 것이다.
26 바른말을 해주는 것이, 참
된 우정이다.
27 네 바깥 일을 다 해놓고 네
밭 일을 다 살핀 다음에, 네
가정을 세워라.
28 너는 이유도 없이 네 이웃을
치는 증언을 하지 말고, 네

입술로 속이는 일도 하지 말
아라.
29 너는 "그가 나에게 한 그대로
나도 그에게 하여, 그가 나에
게 한 만큼 갚아 주겠다" 하
고 말하지 말아라.
30 게으른 사람의 밭과 지각
이 없는 사람의 포도원을 내
가 지나가면서 보았더니,
31 거기에는 가시덤불이 널려 있
고, 엉겅퀴가 지면을 덮었으
며, 돌담이 무너져 있었다.
32 나는 이것을 보고 마음 깊이
생각하고, 교훈을 얻었다.
33 "조금만 더 자야지, 조금만
더 눈을 붙여야지, 조금만 더
팔을 베고 누워 있어야지" 하
면,
34 가난이 강도처럼 들이닥치고,
빈곤이 방패로 무장한 용사
처럼 달려들 것이다.

솔로몬의 잠언 추가

25 이것도 솔로몬의 잠언으로,
유다 왕 히스기야의 신하들
이 편집한 것이다.
2 일을 숨기는 것은 하나님
의 영광이요, 일을 밝히 드러
내는 것은 왕의 영광이다.
3 하늘이 높고 땅이 깊은 것처
럼, 왕의 마음도 헤아리기 어
렵다.
4 은에서 찌꺼기를 없애라.
그래야 은장색의 손에서 그
릇이 되어 나온다.
5 왕 앞에서는 악한 사람을 없
애라. 그래야 왕위가 공의 위
에 굳게 선다.
6 왕 앞에서 스스로 높은 체
하지 말며, 높은 사람의 자리
에 끼어들지 말아라.
7 너의 눈 앞에 있는 높은 관리
들 앞에서 '저리로 내려가라'
는 말을 듣는 것보다, '이리로
올라오라'는 말을 듣는 것이
더 낫기 때문이다.
8 너는 급하게 소송하지 말
아라. 훗날에 너의 이웃이 너
를 이겨 부끄럽게 만들 때
에, 네가 어떻게 할지가 염려
된다.
9 이웃과 다툴 일이 있으면 그
와 직접 변론만 하고, 그의
비밀은 퍼뜨리지 말아라.
10 그 말을 듣는 사람이 오히려
너를 비난하면, 그 나쁜 소문
이 너에게서 떠나지 않고 따

라다닐까 두렵다.
11 경우에 알맞은 말은, 은쟁
반에 담긴 금사과이다.
12 지혜로운 사람의 책망은, 들
을 줄 아는 사람의 귀에는,
금귀고리요, 순금 목걸이이다.
13 믿음직한 심부름꾼은 그를 보
낸 주인에게는 무더운 추수
때의 시원한 냉수와 같아서,
그 주인의 마음을 시원하게
해준다.
14 선물을 한다고 거짓말로 자
랑을 퍼뜨리는 사람은 비를
내리지 못하는 구름과 바람
같다.
15 분노를 오래 참으면 지배자
도 설득되고, 부드러운 혀는
뼈도 녹일 수 있다.
16 꿀을 발견하더라도 적당
히 먹어라. 과식하면 토할지
도 모른다.
17 이웃집이라 하여 너무 자주
드나들지 말아라. 그가 싫증
이 나서 너를 미워하게 될지
도 모른다.
18 거짓말로 이웃에게 불리한 증
언을 하는 사람은, 망치요, 칼
이요, 뾰족한 화살이다.
19 환난을 당할 때에, 진실하지
못한 사람을 믿는 것은, 마
치 썩은 이와 뼈가 부러진
다리를 의지하는 것과 같다.
20 마음이 상한 사람 앞에서 즐
거운 노래를 부르는 것은, 추
운 날에 옷을 벗기는 것과
같고, 상처에 초를 붓는 것
과 같다.
21 네 원수가 배고파 하거든
먹을 것을 주고, 목말라 하거
든 마실 물을 주어라.
22 이렇게 하는 것은, 그의 낯을
뜨겁게 하는 것이며, 주님께
서 너에게 상으로 갚아 주실
것이다.
23 북풍이 비를 일으키듯, 헐뜯
는 혀는 얼굴에 분노를 일으
킨다.
24 다투기를 좋아하는 여자와
넓은 집에서 함께 사는 것보
다, 차라리 다락 한 구석에
서 혼자 사는 것이 더 낫다.
25 먼 데서 오는 기쁜 소식은
목이 타는 사람에게 주어지
는 냉수와 같다.
26 의인이 악인 앞에 무릎을 꿇
는 것은, 흐려진 샘물과 같

고, 오염된 우물물과 같다.
27 꿀도 너무 많이 먹는 것은
좋지 않듯이, 영예를 지나치
게 구하는 것은 좋지 않다.
28 자기의 기분을 자제하지 못
하는 사람은, 성이 무너져 성
벽이 없는 것과 같다.

미련한 사람이 되지 말아라

26 미련한 사람에게는 영예
가 어울리지 않는다. 이는
마치 여름에 눈이 내리는 것
과 같고, 추수 때에 비가 오
는 것과 같다.
2 까닭없는 저주는 아무에게도
미치지 않으니, 이는 마치 참
새가 떠도는 것과 같고, 제비
가 날아가는 것과 같다.
3 말에게는 채찍, 나귀에게는
재갈, 미련한 사람의 등에는
매가 필요하다.
4 미련한 사람이 어리석은 말
을 할 때에는 대답하지 말
아라. 너도 그와 같은 사람이
될까 두렵다.
5 미련한 사람이 어리석은 말
을 할 때에는 같은 말로 대
응하여 주어라. 그가 지혜로
운 체할까 두렵다.
6 미련한 사람을 시켜서 소
식을 보내는 것은, 제 발목을
자르거나 폭력을 불러들이는
것과 같다.
7 미련한 사람이 입에 담는 잠
언은, 저는 사람의 다리처럼
힘이 없다.
8 미련한 사람에게 영예를 돌
리는 것은, 무릿매에 돌을 올
려놓는 것과 같다.
9 미련한 사람이 입에 담는 잠
언은, 술 취한 사람이 손에
쥐고 있는 가시나무와 같다.
10 미련한 사람이나 지나가
는 사람을 고용하는 것은, 궁
수가 닥치는 대로 사람을 쏘
아대는 것과 같다.
11 개가 그 토한 것을 도로 먹듯
이, 미련한 사람은 어리석은
일을 되풀이한다.
12 너는 스스로 지혜롭다 하는
사람을 보았을 것이나, 그런
사람보다는 오히려 미련한
사람에게 더 희망이 있다.
13 게으른 사람은 핑계 대기
를 "길에 사자가 있다. 거리
에 사자가 있다" 한다.
14 문짝이 돌쩌귀에 붙어서 돌

아가듯이, 게으른 사람은 침
대에만 붙어서 뒹군다.
15 게으른 사람은 밥그릇에 손
을 대고서도, 입에 떠 넣기조
차 귀찮아한다.
16 게으른 사람은 재치 있게 대
답하는 사람 일곱보다 자기
가 더 지혜롭다고 생각한다.
17 자기와 관계없는 싸움에
끼어드는 것은, 사람이 개의
귀를 붙잡는 것과 같다.
18 횃불을 던지고 화살을 쏘아
서 사람을 죽이는 미친 사람
이 있다.
19 이웃을 속이고서도 "농담도 못
하냐?" 하고 말하는 사람도
그러하다.
20 땔감이 다 떨어지면 불이
꺼지듯이, 남의 말을 잘하는
사람이 없어지면 다툼도 그
친다.
21 숯불 위에 숯을 더하는 것과,
타는 불에 나무를 더하는 것
과 같이, 다투기를 좋아하는
사람은 불난 데 부채질을
한다.
22 헐뜯기를 잘하는 사람의 말
은 맛있는 음식과 같아서, 뱃
속 깊은 데로 내려간다.
23 악한 마음을 품고서 말만
매끄럽게 하는 입술은, 질그
릇에다가 은을 살짝 입힌 것
과 같다.
24 남을 미워하는 사람은 입술
로는 그렇지 않은 체하면서,
속으로는 흉계를 꾸민다.
25 비록 다정한 말을 한다 하
여도 그를 믿지 말아라. 그의
마음 속에는 역겨운 것이 일
곱 가지나 들어 있다.
26 미운 생각을 교활하게 감추
고 있다 하여도, 그 악의는
회중 앞에서 드러나기 마련
이다.
27 함정을 파는 사람은 자기
가 그 속에 빠지고, 돌을 굴
리는 사람은 자기가 그 밑에
깔린다.
28 거짓말을 하는 혀는 흠 없는
사람의 원수이며, 아첨하는
사람은 자기의 신세를 망친다.

내일 일을 자랑하지 말아라

27 내일 일을 자랑하지 말아
라. 하루 사이에 무슨 일이
생길지 알 수 없다.
2 네가 너를 칭찬하지 말고, 남

이 너를 칭찬하게 하여라. 칭
찬은 남이 하여 주는 것이지,
자기의 입으로 하는 것이 아
니다.
3 돌도 무겁고 모래도 짐이 되
지만, 어리석은 사람이 성가
시게 구는 것은, 이 두 가지
보다 더 무겁다.
4 분노는 잔인하고 진노는 범
람하는 물과 같다고 하지만,
사람의 질투를 누가 당하여
낼 수 있으랴?
5 드러내 놓고 꾸짖는 것이,
숨은 사랑보다 낫다.
6 친구의 책망은 아파도 진심
에서 나오지만, 원수의 입맞춤
은 거짓에서 나온다.
7 배부른 사람은 꿀도 지겨워
하지만, 배고픈 사람은 쓴
것도 달게 먹는다.
8 고향을 잃고 떠도는 사람
은, 둥지를 잃고 떠도는 새와
같다.
9 향유와 향료가 마음을 즐겁
게 하듯이, 친구의 다정한 충
고가 그와 같다.
10 너의 친구나 너의 아버지의
친구를 저버리지 말아라. 네
가 어렵다고 친척의 집을 찾
아 다니지 말아라. 가까운 이
웃이 먼 친척보다 낫다.
11 내 아이들아, 지혜를 깨우
치고, 나의 마음을 기쁘게 하
여라. 그러면 나를 비방하는
사람에게, 내가 대답할 수
있겠다.
12 슬기로운 사람은 재앙을 보
면 숨어 피하지만, 어수룩한
사람은 고집을 부리고 나아
가다가 화를 입는다.
13 남의 보증을 선 사람은 자기
의 옷을 잡혀야 하고, 모르는
사람의 보증을 선 사람은 자
기의 몸을 잡혀야 한다.
14 이른 아침에 큰소리로 이웃에
게 축복의 인사를 하면, 그것
을 오히려 저주로 여길 것이
다.
15 다투기를 좋아하는 여자는,
비 오는 날 지붕에서 끊임없
이 비가 새는 것과 같다.
16 그런 여자를 다스리려는 것
은, 바람을 다스리려는 것과
같고, 손으로 기름을 가득 움
켜 잡으려는 것과 같다.
17 쇠붙이는 쇠붙이로 쳐야 날

이 날카롭게 서듯이, 사람도
친구와 부대껴야 지혜가 예
리해진다.
18 무화과나무를 가꾸는 사람이
그 열매를 먹듯이, 윗사람의
시중을 드는 사람이 그 영화
를 얻는다.
19 사람의 얼굴이 물에 비치듯
이, 사람의 마음도 사람을 드
러내 보인다.
20 스올과 멸망의 구덩이가 만
족을 모르듯, 사람의 눈도 만
족을 모른다.
21 도가니는 은을, 화덕은 금을
단련하듯이, 칭찬은 사람됨
을 달아 볼 수 있다.
22 어리석은 사람은 곡식과 함
께 절구에 넣어서 공이로 찧
어도, 그 어리석음이 벗겨지지
않는다.
23 너의 양 떼의 형편을 잘
알아 두며, 너의 가축 떼에
게 정성을 기울여라.
24 재물은 영원히 남아 있지 않
으며, 왕관도 대대로 물려줄
수 없기 때문이다.
25 그러나 풀은 벤 뒤에도 새
풀이 돋아나니, 산에서 꼴을
거둘 수 있다.
26 어린 양의 털로는 너의 옷을
지어 입을 수 있고, 숫양으로
는 밭을 사들일 수 있으며,
27 염소의 젖은 넉넉하여, 너와
너의 집 식구의 먹을 것뿐만
아니라, 너의 여종의 먹을 것
까지 있을 것이다.

율법이 주는 유익

28 악인은 뒤쫓는 사람이 없
어도 달아나지만, 의인은
사자처럼 담대하다.
2 나라에 반역이 일면, 통치자
가 자주 바뀌지만, 슬기와 지
식이 있는 사람이 다스리면,
그 나라가 오래간다.
3 가난한 사람을 억압하는 가
난한 사람은 먹거리를 남김
없이 쓸어 버리는 폭우와 같
다.
4 율법을 버린 사람은 악인
을 찬양하지만, 율법을 지키
는 사람은 악인에게 대항한
다.
5 악한 사람은 공의를 깨닫지
못하나, 주님을 찾는 사람은
모든 것을 깨닫는다.
6 부유하나 구부러진 길을 가

는 사람보다는 가난해도 흠
없이 사는 사람이 낫다.
7 슬기로운 아들은 율법을 지
키지만, 먹기를 탐하는 사람
들과 어울리는 아들은 아버지
에게 욕을 돌린다.
8 높은 이자로 재산을 늘리는
것은, 마침내, 가난한 사람들
에게 은혜로 베풀어질 재산
을 쌓아 두는 것이다.
9 귀를 돌리고 율법을 듣지 않
으면, 그의 기도마저도 역겹
게 된다.
10 정직한 사람을 나쁜 길로 유
인하는 사람은 자기가 판 함
정에 빠지지만, 흠 없이 사는
사람은 복을 받는다.
11 부자가 자기 보기에는 지혜
롭지만, 가난하나 슬기로운
사람은 그 사람의 속을 꿰뚫
어 본다.
12 정직한 사람이 이기면 많은
사람이 축하하지만, 악인이
일어나면 사람들이 숨는다.
13 자기의 죄를 숨기는 사람은
잘 되지 못하지만, 죄를 자
백하고 그것을 끊어 버리는
사람은 불쌍히 여김을 받는다.
14 늘 두려워하는 마음으로 사는
사람은 복을 받지만, 마음이
완고한 사람은 재앙에 빠진
다.
15 가난한 백성을 억누르는
악한 통치자는, 울부짖는 사
자요, 굶주린 곰이다.
16 슬기가 모자라는 통치자는
억압만을 일삼지만, 부정한
이득을 미워하는 통치자는 오
래도록 살 것이다.
17 사람을 죽인 사람은 함정으
로 달려가는 것이니, 아무도
그를 막지 말아야 한다.
18 흠 없이 사는 사람은 구원
을 받을 것이지만, 그릇된 길
을 따라가는 사람은 언젠가
는 한 번 넘어지고야 만다.
19 밭을 가는 사람은 먹을 것이
넉넉하지만, 헛된 것을 꿈꾸
는 사람은 찌들게 가난하다.
20 신실한 사람은 많은 복을
받지만, 속히 부자가 되려는
사람은 벌을 면하지 못한다.
21 사람의 얼굴을 보고 재판하
는 것은 옳지 않다. 사람은
빵 한 조각 때문에 그런 죄
를 지을 수도 있다.

22 죄악에 눈이 어두운 사람은
부자가 되는 데에만 바빠서,
언제 궁핍이 자기에게 들이
닥칠지를 알지 못한다.
23 아첨하는 사람보다는 바르게
꾸짖는 사람이, 나중에 고맙
다는 말을 듣는다.
24 자기 부모의 것을 빼앗고도
그것이 죄가 아니라고 하는
사람은 살인자와 한패이다.
25 욕심이 많은 사람은 다툼을
일으키지만, 주님을 의뢰하는
사람은 풍성함을 누린다.
26 자기의 생각만을 신뢰하는
사람은 미련한 사람이지만,
지혜롭게 사는 사람은 구원
을 받는다.
27 가난한 사람을 도와주는
사람은 모자라는 것이 없지
만, 그를 못 본 체하는 사람
은 많은 저주를 받는다.
28 악인이 일어나면 사람들은
숨어 버리지만, 그가 망하면
의인이 많이 나타난다.

상식

29 책망을 자주 받으면서도
고집만 부리는 사람은, 갑
자기 무너져서 회복하지 못
한다.
2 의인이 많으면 백성이 기뻐
하지만, 악인이 권세를 잡으
면 백성이 탄식한다.
3 지혜를 사랑하는 아들은 아
버지를 기쁘게 하지만, 창녀
에게 드나드는 아들은 재산
을 탕진한다.
4 공의로 다스리는 왕은 나라를
튼튼하게 하지만, 뇌물을 좋
아하는 왕은 나라를 망하게
한다.
5 이웃에게 아첨하는 사람
은 그의 발 앞에 그물을 치
는 사람이다.
6 악인이 범죄하는 것은 그 자
신에게 올무를 씌우는 것이지
만, 의인은 노래하며 즐거워
한다.
7 의인은 가난한 사람의 사정
을 잘 알지만, 악인은 가난
한 사람의 사정쯤은 못 본
체한다.
8 거만한 사람은 성읍을 시끄
럽게 하지만, 지혜로운 사람
은 분노를 가라앉힌다.
9 지혜로운 사람이 어리석은
사람을 걸어서 소송하면, 어

리석은 사람이 폭언과 야유
로 맞서므로, 지혜로운 사람
은 안심할 수 없다.
10 남의 피 흘리기를 좋아
하는 사람은 흠 없는 사람을
미워하지만, 정직한 사람은
흠 없는 사람의 생명을 보살
펴 준다.
11 미련한 사람은 화를 있는 대
로 다 내지만, 지혜로운 사람
은 화가 나도 참는다.
12 통치자가 거짓말에 귀를
기울이면, 그 신하들이 모두
악해진다.
13 가난한 사람과 착취하는 사
람이 다 함께 살고 있으나,
주님은 이들 두 사람에게 똑
같이 햇빛을 주신다.
14 왕이 가난한 사람을 정직하
게 재판하면, 그의 왕위는 길
이길이 견고할 것이다.
15 매와 꾸지람은 지혜를 얻
게 만들어 주지만, 내버려 둔
자식은 그 어머니를 욕되게
한다.
16 악인이 많아지면 범죄가 늘
어나지만, 의인은 그들이 망
하는 것을 보게 된다.

17 너의 자식을 훈계하여라. 그
러면 그가 너를 평안하게 하
고, 너의 마음에 기쁨을 안겨
줄 것이다.
18 계시가 없으면 백성은 방
자해지나, 율법을 지키는 사
람은 복을 받는다.
19 말만으로는 종을 제대로 가르
칠 수 없으니 다 알아들으면
서도 따르지 않기 때문이다.
20 너도 말이 앞서는 사람을 보
았겠지만, 그런 사람보다는
오히려 미련한 사람에게 더
바랄 것이 있다.
21 어릴 때부터 종의 응석을 받
아 주면, 나중에는 다루기
어렵게 된다.
22 화를 잘 내는 사람은 다툼을
일으키고, 성내기를 잘하는
사람은 죄를 많이 짓는다.
23 사람이 오만하면 낮아질
것이고, 마음이 겸손하면 영
예를 얻을 것이다.
24 도둑과 짝하는 사람은 자기
의 목숨을 하찮게 여기는 사
람이다. 그러므로 자기를 저주
하는 소리를 들어도 아무런
반박을 하지 못한다.

25 사람을 두려워하면 올무에
걸리지만, 주님을 의지하면
안전하다.
26 많은 사람이 통치자의 환심
을 사려고 하지만, 사람의 일
을 판결하시는 분은 주님이시
다.
27 의인은 불의한 사람을 싫어
하고, 악인은 정직한 사람을
싫어한다.

아굴의 잠언

30 이것은 야게의 아들 아굴
이 말한 잠언이다. 이 사람
이 이디엘에게 말하고, 또 이
디엘과 우갈에게 말하였다.
2 참으로 나는, 사람이라기보
다는 우둔한 짐승이며, 나에
게는 사람의 총명이 없다.
3 나는 지혜를 배우지도 못하
였고, 지극히 거룩하신 분을
아는 지식도 깨우치지 못하
였다.
4 하늘에 올라갔다가 내려
온 사람이 누구며, 바람을 자
기 손에 움켜 쥐고 있는 사
람이 누구냐? 물을 그 옷자
락으로 싸고 있는 사람이 누
구며 땅의 모든 경계선을 그
은 사람이 누구인가? 그 사
람의 이름은 무엇인지, 그의
아들의 이름은 무엇인지, 정
말 네가 아느냐?
5 하나님의 말씀은 모두 순
결하며, 그분은 그를 의지하
는 사람의 방패가 되신다.
6 그 말씀에 아무것도 더하지
말아라. 그렇지 않으면 그분
이 너를 책망하시고, 너는 거
짓말을 하는 사람이 될 것이
다.

헌신의 잠언

7 주님께 두 가지 간청을 드
리니, 제가 죽기 전에 그것을
이루어 주십시오.
8 허위와 거짓말을 저에게서
멀리하여 주시고, 저를 가난
하게도 부유하게도 하지 마
시고, 오직 저에게 필요한 양
식만을 주십시오.
9 제가 배가 불러서, 주님을 부
인하면서 '주가 누구냐'고 말
하지 않게 하시고, 제가 가난
해서, 도둑질을 하거나 하나
님의 이름을 욕되게 하거나,
하지 않도록 하여 주십시오.
10 주인에게 그 종을 비방하

는 말을 하지 말아라. 그 종
이 너를 저주하고 너에게 죄
가 돌아갈까 두렵다.
11 아버지를 저주하며 어머니
를 축복하지 않는 무리가 있
다.
12 더러운 것을 씻지도 않고 깨
끗한 체하는 무리가 있다.
13 눈이 심히 높아서, 눈꺼풀을
치켜 올리고 남을 깔보는 무
리가 있다.
14 이빨이 긴 칼과 같고 턱이
큰 칼과 같아서, 가난한 사
람을 하나도 땅에 남기지 않
고 삼키며 궁핍한 사람을 삼
켜 씨를 말리는 무리도 있다.
15 거머리에게는 '달라, 달라'
하며 보채는 딸이 둘이 있다.
전혀 배부른 줄 모르는 것이
셋, 만족할 줄 모르는 것 넷
이 있으니,
16 곧 스올과 아기 못 낳는 태
와 물로 갈증을 없앨 수 없
는 땅과 만족하다고 말할
줄 모르는 불이다.
17 아버지를 조롱하며 어머니
를 멸시하여, 순종하지 않는
사람의 눈은, 골짜기의 까마
귀에게 쪼이고 새끼 독수리에
게 먹힐 것이다.
18 기이한 일이 셋, 내가 정
말 이해할 수 없는 일이 넷
이 있으니,
19 곧 독수리가 하늘을 날아간
자취와, 뱀이 바위 위로 지나
간 자취와, 바다 위로 배가
지나간 자취와, 남자가 여자
와 함께 하였던 자취이다.
20 간음한 여자의 자취도 그
러하니, 먹고도 안 먹었다고
입을 씻듯이 "나는 아무런 악
행도 한 일이 없다" 한다.
21 세상을 뒤흔들 만한 일이
셋, 세상이 감당하지 못할
일이 넷이 있으니,
22 곧 종이 임금이 되는 것과,
어리석은 자가 배불리 먹는
것과,
23 꺼림을 받는 여자가 시집을
가는 것과, 여종이 그 안주인
의 자리를 이어받는 것이다.
24 땅에서 아주 작으면서도
가장 지혜로운 것이 넷이 있
으니,
25 곧 힘이 없는 종류이지만 먹
을 것을 여름에 예비하는 개

미와,
26 약한 종류이지만 바위 틈에
자기 집을 짓는 오소리와,
27 임금은 없으나 떼를 지어 함
께 나아가는 메뚜기와,
28 사람의 손에 잡힐 것 같은데
도 왕궁을 드나드는 도마뱀이
다.
29 늠름하게 걸어 다니는 것
이 셋, 위풍당당하게 걸어
다니는 것 넷이 있으니,
30 곧 짐승 가운데서 가장 강하
여, 아무 짐승 앞에서도 물러
서지 않는 사자와,
31 자랑스럽게 걷는 사냥개와,
숫염소와, 아무도 맞설 수 없
는 임금이다.
32 네가 어리석어서 우쭐댔거
나 악한 일을 도모하였거든,
너의 손으로 입을 막고 반성
하여 보아라.
33 우유를 저으면 굳은 우유가
되고, 코를 비틀면 피가 나오
듯, 화를 돋우면 분쟁이 일어
난다.

왕에게 주는 충고

31 르무엘 왕의 잠언, 곧 그의
어머니가 그에게 교훈한 말
씀이다.
2 내 아들아, 내가 무엇을 말
할까? 내 태에서 나온 아들
아, 내가 무엇을 말할까? 서
원을 하고 얻은 아들아, 내가
무엇을 말할까?
3 여자에게 너의 힘을 쓰지 말
아라. 여자는 임금도 망하게
할 수 있으니, 여자에게 너의
길을 맡기지 말아라.
4 르무엘아, 임금에게 적합하
지 않은 일이 있다. 포도주를
마시는 것은 임금에게 적합
한 일이 아니다. 독주를 좋아
하는 것은 통치자들에게 적
합한 일이 아니다.
5 술을 마시면 법을 잊어버리
고, 억눌린 사람들에게 판결
을 불리하게 내릴까 두렵다.
6 독한 술은 죽을 사람에게 주
고, 포도주는 마음이 아픈 사
람에게 주어라.
7 그가 그것을 마시고 자기의
가난을 잊을 것이고, 자기의
고통을 더 이상 기억하지 않
을 것이다.
8 너는 벙어리처럼 할 말을 못
하는 사람과 더불어, 고통 속

에 있는 사람들의 송사를 변
호하여 입을 열어라.
9 너는 공의로운 재판을 하고,
입을 열어, 억눌린 사람과 궁
핍한 사람들의 판결을 바로
하여라.

유능한 아내

10 누가 유능한 아내를 맞겠
느냐? 그 값은 진주보다 더
뛰어나다.
11 남편은 진심으로 아내를 믿
으며 가난을 모르고 산다.
12 그의 아내는 살아 있는 동안,
오직 선행으로 남편을 도우
며, 해를 입히는 일이 없다.
13 양털과 삼을 구해다가, 부지
런히 손을 놀려 일하기를 즐
거워한다.
14 또한 상인의 배와 같이,
먼 곳에서 먹거리를 구하여
오기도 한다.
15 날이 밝기도 전에 일어나서
식구들에게는 음식을 만들어
주고, 여종들에게는 일을 정
하여 맡긴다.
16 밭을 살 때에는 잘 살펴본
다음에 사들이고, 또 자기가
직접 번 돈으로 포도원도 사
서 가꾼다.
17 허리를 단단히 동여매고, 억
센 팔로 일을 한다.
18 사업이 잘 되어가는 것을 알
고, 밤에도 등불을 끄지 않는
다.
19 한 손으로는 물레질을 하고,
다른 손으로는 실을 탄다.
20 한 손은 펴서 가난한 사람
을 돕고, 다른 손은 펴서 궁
핍한 사람을 돕는다.
21 온 식구를 홍색 옷으로 따스
하게 입히니, 눈이 와도 식구
들 때문에 걱정하는 일이 없
다.
22 손수 자기의 이부자리를 만
들고, 고운 모시 옷과 자주색
옷을 지어 입는다.
23 남편은 마을 원로들과 함
께 마을회관을 드나들며, 사
람들의 존경을 받는다.
24 그의 아내는 모시로 옷을 지
어 팔고, 띠를 만들어 상인에
게 넘긴다.
25 자신감과 위엄이 몸에 배어
있고, 미래에 대한 두려움이
없다.
26 입만 열면 지혜가 저절로 나

오고, 혀만 움직이면 상냥한
교훈이 쏟아져 나온다.
27 집안 일을 두루 살펴보고, 일
하지 않고 얻은 양식은 먹는
법이 없다.
28 자식들도 모두 일어나서, 어머
니 업적을 찬양하고 남편도
아내를 칭찬하여 이르기를
29 "덕을 끼치는 여자들은 많이
있으나, 당신이 모든 여자 가
운데 으뜸이오" 한다.
30 고운 것도 거짓되고, 아름다
운 것도 헛되지만, 주님을 경
외하는 여자는 칭찬을 받는
다.
31 아내가 손수 거둔 결실은 아
내에게 돌려라. 아내가 이룬
공로가 성문 어귀 광장에서
인정받게 하여라.

세상만사 헛되다

1 다윗의 아들 예루살렘 왕 전도자의 말이다.

2 전도자가 말한다. 헛되고 헛되다. 헛되고 헛되다. 모든 것이 헛되다.

3 사람이 세상에서 아무리 수고한들, 무슨 보람이 있는가?

4 한 세대가 가고, 또 한 세대가 오지만, 세상은 언제나 그대로다.

5 해는 여전히 뜨고, 또 여전히 져서, 제자리로 돌아가며, 거기에서 다시 떠오른다.

6 바람은 남쪽으로 불다가 북쪽으로 돌이키며, 이리 돌고 저리 돌다가 불던 곳으로 돌아간다.

7 모든 강물이 바다로 흘러가도, 바다는 넘치지 않는다. 강물은 나온 곳으로 되돌아가, 거기에서 다시 흘러내린다.

8 만물이 다 지쳐 있음을 사람이 말로 다 나타낼 수 없다. 눈은 보아도 만족하지 않으며 귀는 들어도 차지 않는다.

9 이미 있던 것이 훗날에 다시 있을 것이며, 이미 일어났던 일이 훗날에 다시 일어날 것이다. 이 세상에 새 것이란 없다.

10 '보아라, 이것이 바로 새 것이다' 하고 말할 수 있는 것이 있는가? 그것은 이미 오래 전부터 있던 것, 우리보다 앞서 있던 것이다.

11 지나간 세대는 잊혀지고, 앞으로 올 세대도 그 다음 세대가 기억해 주지 않을 것이다.

지혜도 헛되다

12 나 전도자는 예루살렘에서 왕이 되어 이스라엘을 다스리는 동안에,

13 하늘 아래에서 되어지는 온갖 일을 살펴서 알아 내려고 지혜를 짜며 심혈을 기울였다. 괴로웠다. 하나님은 왜 사람을 이런 수고로운 일에다 얽어매어 꼼짝도 못하게 하시는 것인가?

14 세상에서 벌어지는 온갖 일을 보니 그 모두가 헛되어 바람을 잡으려는 것과 같다.

15 구부러진 것은 곧게 할 수

없고, 없는 것은 셀 수 없다.
16 나는 장담하였다. "나는 지혜
를 많이 쌓았다. 이전에 예루
살렘에서 다스리던 어느 누구
도, 지혜에 있어서는 나를 뛰어
넘지 못할 것이다. 지혜와 지식
을 쌓는 일에서, 나보다 더 많
은 경험을 한 사람은 없다."
17 나는 또 무엇이 슬기롭고 똑똑
한 것인지, 무엇이 얼빠지고 어
리석은 것인지를 구별하려고
심혈을 기울였다. 그러나 그처
럼 알려고 하는 그것 또한 바
람을 잡으려는 것과 같은 일임
을 알게 되었다.
18 지혜가 많으면 번뇌도 많
고, 아는 것이 많으면 걱정도
많더라.

즐거움도 헛되다

2 나는 혼자서 이런 생각도 해
보았다. "내가 시험삼아 너를
즐겁게 할 것이니, 너는 네 마
음껏 즐겨라." 그러나 이것도
헛된 일이다.
2 알고 보니 웃는 것은 '미친 것'
이고, 즐거움은 '쓸데없는 것'이
다.
3 지혜를 갈망해 온 나는, 술
로 내 육신을 즐겁게 하고, 낙
을 누려 보려고 마음먹은 적도
있다. 참으로 어리석게도, 이렇
게 사는 것이 짧은 한평생을
가장 보람 있게 사는 것이라고
생각하였다.
4 나는 여러 가지 큰 일을
성취하였다. 궁전도 지어 보
고, 여러 곳에 포도원도 만들
어 보았다.
5 나는 정원과 과수원을 만들
고, 거기에 온갖 과일나무도
심어 보았다.
6 나무들이 자라나는 숲에 물
을 대려고 여러 곳에 저수지
도 만들어 보았다.
7 남녀 종들을 사들이기도 하고,
집에서 씨종들을 태어나게
도 하였다. 나는 또한, 지금까
지 예루살렘에 살던 어느 누
구도 일찍이 그렇게 가져 본
적이 없을 만큼 많은 소와
양 같은 가축 떼를 가져 보
았다.
8 은과 금, 임금들이 가지고 있
던 여러 나라의 보물도 모아
보았으며, 남녀 가수들도 거느
려 보았고, 남자들이 좋아하

는 처첩도 많이 거느려 보았다.
9 드디어 나는 일찍이 예루살렘에 살던 어느 누구보다도 더 큰 세력을 가진 사람이 되었다. 지혜가 늘 내 곁에서 나를 깨우쳐 주었다.
10 원하던 것을 나는 다 얻었다. 누리고 싶은 낙은 무엇이든 삼가지 않았다. 나는 하는 일마다 다 자랑스러웠다. 이것은 내가 수고하여 얻은 나의 몫인 셈이었다.
11 그러나 내 손으로 성취한 모든 일과 이루려고 애쓴 나의 수고를 돌이켜보니, 참으로 세상 모든 것이 헛되고, 바람을 잡으려는 것과 같고, 아무런 보람도 없는 것이었다.
12 임금 자리를 이어받은 사람이 무엇을 할 수 있는가? 기껏해야 앞서 다스리던 왕이 이미 하던 일뿐이다.

슬기도 어리석음도 다 헛되다

무엇이 슬기로운 일이며, 무엇이 얼빠지고 어리석은 일인지 알려고 애를 써 보기도 하였다.
13 "빛이 어둠보다 낫듯이, 슬기로움이 어리석음보다 더 낫다"는 것,
14 "슬기로운 사람은 제 앞을 보지만, 어리석은 사람은 어둠 속에서 헤맨다"는 것, 이런 것은 벌써부터 알고 있다. 지혜있는 사람에게나 어리석은 사람에게나 똑같은 운명이 똑같이 닥친다는 것도 알고 있다.
15 그래서 나는 스스로 물었다. "어리석은 사람이 겪을 운명을 나도 겪을 터인데, 무엇을 더 바라고, 왜 내가 지혜를 더 얻으려고 애썼는가?" 그리고 나 스스로 대답하였다. "지혜를 얻으려는 일도 헛되다."
16 사람이 지혜가 있다고 해서 오래 기억되는 것도 아니다. 지혜가 있다고 해도 어리석은 사람과 함께 사람들의 기억에서 영원히 사라져 버린다. 슬기로운 사람도 죽고 어리석은 사람도 죽는다.
17 그러니 산다는 것이 다 덧없는 것이다. 인생살이에 얽힌 일들이 나에게는 괴로움일 뿐이다.

모든 것이 바람을 잡으려는 것
처럼 헛될 뿐이다.

수고도 헛되다

18 세상에서 내가 수고하여 이루
어 놓은 모든 것을 내 뒤에 올
사람에게 물려줄 일을 생각하
면, 억울하기 그지없다.
19 뒤에 올 그 사람이 슬기로운
사람일지, 어리석은 사람일지,
누가 안단 말인가? 그러면서
도, 세상에서 내가 수고를 마다
하지 않고 지혜를 다해서 이루
어 놓은 모든 것을, 그에게 물
려주어서 맡겨야 하다니, 이 수
고도 헛되다.
20 세상에서 애쓴 모든 수고를 생
각해 보니, 내 마음에는 실망뿐
이다.
21 수고는 슬기롭고 똑똑하고 재능
있는 사람이 하는데, 그가 받아
야 할 몫을 아무 수고도 하지
않은 다른 사람이 차지하다니,
이 수고 또한 헛되고, 무엇인가
잘못된 것이다.
22 사람이 세상에서 온갖 수고를
마다하지 않고 속썩이지만, 무
슨 보람이 있단 말인가?
23 평생에 그가 하는 일이 괴로움
과 슬픔뿐이고, 밤에도 그의 마
음이 편히 쉬지 못하니, 이 수
고 또한 헛된 일이다.
24 사람에게는 먹는 것과 마
시는 것, 자기가 하는 수고에
서 스스로 보람을 느끼는 것,
이보다 더 좋은 것은 없다.
알고 보니, 이것도 하나님이
주시는 것.
25 그분께서 주시지 않고서야,
누가 먹을 수 있으며, 누가
즐길 수 있겠는가?
26 하나님이, 마음에 드는 사람에
게는 슬기와 지식과 기쁨을 주
시고, 눈 밖에 난 죄인에게는
모아서 쌓는 수고를 시켜서, 그
모은 재산을 하나님 마음에 드
는 사람에게 주시니, 죄인의 수
고도 헛되어서 바람을 잡으려
는 것과 같다.

매사에 때가 있다

3 모든 일에는 다 때가 있다.
세상에서 일어나는 일마다
알맞은 때가 있다.
2 태어날 때가 있고, 죽을 때가
있다. 심을 때가 있고, 뽑을
때가 있다.
3 죽일 때가 있고, 살릴 때가

있다. 허물 때가 있고, 세울
때가 있다.
4 울 때가 있고, 웃을 때가 있
다. 통곡할 때가 있고, 기뻐
춤출 때가 있다.
5 돌을 흩어버릴 때가 있고, 모
아들일 때가 있다. 껴안을
때가 있고, 껴안는 것을 삼
갈 때가 있다.
6 찾아나설 때가 있고, 포기할
때가 있다. 간직할 때가 있
고, 버릴 때가 있다.
7 찢을 때가 있고, 꿰맬 때가
있다. 말하지 않을 때가 있
고, 말할 때가 있다.
8 사랑할 때가 있고, 미워할
때가 있다. 전쟁을 치를 때
가 있고, 평화를 누릴 때가
있다.
9 사람이 애쓴다고 해서, 이런
일에 무엇을 더 보탤 수 있겠
는가?
10 이제 보니, 이 모든 것은, 하나
님이 사람에게 수고하라고 지
우신 짐이다.
11 하나님은 모든 것이 제때에
알맞게 일어나도록 만드셨다.
더욱이, 하나님은 사람들에게
과거와 미래를 생각하는 감각
을 주셨다. 그러나 사람은, 하
나님이 하신 일을 처음부터 끝
까지 다 깨닫지는 못하게 하
셨다.
12 이제 나는 깨닫는다.
기쁘게 사는 것, 살면서 좋
은 일을 하는 것, 사람에게
이보다 더 좋은 것이 무엇이
랴!
13 사람이 먹을 수 있고, 마실 수
있고, 하는 일에 만족을 누릴
수 있다면, 이것이야말로 하나
님이 주신 은총이다.
14 이제 나는 알았다. 하나님이 하
시는 모든 일은 언제나 한결같
다. 거기에다가는 보탤 수도 없
고 뺄 수도 없다. 하나님이 이
렇게 하시니 사람은 그를 두려
워할 수밖에 없다.
15 지금 있는 것 이미 있던
것이고, 앞으로 있을 것도 이
미 있는 것이다. 하나님은 하
신 일을 되풀이하신다.
16 나는 세상에서 또 다른 것
을 보았다. 재판하는 곳에 악
이 있고, 공의가 있어야 할
곳에 악이 있다.

17 나는 마음 속으로 생각하였다.
"의인도 악인도 하나님이 심
판하실 것이다. 모든 일에는
때가 있고, 모든 행위는 심판
받을 때가 있기 때문이다."
18 나는 또 마음 속으로 생각하
였다. "하나님은, 사람이 짐승과
마찬가지라는 것을 깨닫게 하
시려고 사람을 시험하신다.
19 사람에게 닥치는 운명이나 짐
승에게 닥치는 운명이 같다. 같
은 운명이 둘 다를 기다리고
있다. 하나가 죽듯이 다른 하나
도 죽는다. 둘 다 숨을 쉬지 않
고는 못 사니, 사람이라고 해서
짐승보다 나을 것이 무엇이냐?
모든 것이 헛되다.
20 둘 다 같은 곳으로 간다. 모두
흙에서 나와서, 흙으로 돌아간다.
21 사람의 영은 위로 올라가고 짐
승의 영은 아래 땅으로 내려간
다고 하지만, 누가 그것을 알
겠는가?"
22 그리하여 나는, 사람에게는 자
기가 하는 일에서 보람을 느끼
는 것보다 더 좋은 것은 없다
는 것을 알았다. 그것은 곧 그
가 받은 몫이기 때문이다. 사람
이 죽은 다음에, 그에게 일어날
일들을 누가 그를 데리고 다니
며 보여 주겠는가?

억압, 수고, 우정

4 나는 또 세상에서 벌어지
는 온갖 억압을 보았다. 억눌
리는 사람들이 눈물을 흘려
도, 그들을 위로하는 사람이
없다. 억누르는 사람들은 폭
력을 휘두르는데, 억눌리는 사
람들을 위로하는 사람이 없
다.
2 그래서 나는, 아직 살아 숨
쉬는 사람보다는, 이미 숨이 넘
어가 죽은 사람이 더 복되다고
말하였다.
3 그리고 이 둘보다는, 아직 태어
나지 않아서 세상에서 저질러
지는 온갖 못된 일을 못 본 사
람이 더 낫다고 하였다.
4 온갖 노력과 성취는 바로 사
람끼리 갖는 경쟁심에서 비롯
되는 것임을 나는 깨달았다. 그
러나 이 수고도 헛되고, 바람을
잡으려는 것과 같다.
5 "어리석은 사람은 팔짱을
끼고 앉아서, 제 몸만 축낸
다"고 하지만,

6 적게 가지고 편안한 것이,
많이 가지려고 수고하며 바
람을 잡는 것보다 낫다.
7 나는 세상에서 헛된 것을
또 보았다.
8 한 남자가 있다. 자식도 형제
도 없이 혼자 산다. 그러나
그는 쉬지도 않고 일만 하며
산다. 그렇게 해서 모은 재산
도 그의 눈에는 차지 않는다.
그러면서도 그는 가끔, "어찌
하여 나는 즐기지도 못하고
사는가? 도대체 내가 누구
때문에 이 수고를 하는가?"
하고 말하니, 그의 수고도 헛
되고, 부질없는 일이다.
9 혼자보다는 둘이 더 낫다.
두 사람이 함께 일할 때에,
더 좋은 결과를 얻을 수 있
기 때문이다.
10 그 가운데 하나가 넘어지면,
다른 한 사람이 자기의 동무
를 일으켜 줄 수 있다. 그러
나 혼자 가다가 넘어지면,
딱하게도, 일으켜 줄 사람이
없다.
11 또 둘이 누우면 따뜻하지만,
혼자라면 어찌 따뜻하겠는
가?
12 혼자 싸우면 지지만, 둘이 힘
을 합하면 적에게 맞설 수
있다. 세 겹 줄은 쉽게 끊어
지지 않는다.

승진도 헛되다

13 아무리 나이가 많아도 신
하의 직언을 듣지 않는 왕은
어리석다. 그보다는 가난할지
라도 슬기로운 젊은이가 더
낫다.
14 한 나라의 가난한 집안에서
태어나서 젊어서 감옥살이를
하다가도 임금자리에 오를
수 있다.
15 내가 보니, 세상에서 살아 움
직이는 모든 사람이, 왕의 후
계자가 된 젊은이를 따른다.
16 한 왕이 다스리는 백성의 수
가 셀 수 없이 많다 하여도,
그가 물러나면 어느 누구도
그의 업적을 찬양하지 않으
니, 왕으로서 통치하는 것도
헛되며 바람을 잡으려는 것
과 다를 바 없다.

하나님을 두려워하여라

5 하나님의 집으로 갈 때에,
발걸음을 조심하여라. 어리석

은 사람은 악한 일을 하면
서도 깨닫지 못하고, 제물이
나 바치면 되는 줄 알지만,
그보다는 말씀을 들으러 갈
일이다.
2 하나님 앞에서 말을 꺼낼
때에, 함부로 입을 열지 말아
라. 마음을 조급하게 가져서
도 안 된다. 하나님은 하늘에
계시고, 너는 땅 위에 있으니,
말을 많이 하지 않도록 하여
라.
3 걱정이 많으면 꿈이 많아
지고, 말이 많으면 어리석은
소리가 많아진다.
4 하나님께 맹세하여서 서
원한 것은 미루지 말고 지켜
라. 하나님은 어리석은 자를
좋아하지 않으신다. 너는 서
원한 것을 지켜라.
5 서원하고서 지키지 못할 바
에는, 차라리 서원하지 않는
것이 낫다.
6 너는 혀를 잘못 놀려서 죄를
짓지 말아라. 제사장 앞에서
"내가 한 서원은 실수였습니
다" 하고 말하지 말아라. 왜
너는 네 말로 하나님을 진노
하시게 하려 하느냐? 어찌하
여 하나님이 네 손으로 이룩
한 일들을 부수시게 하려고
하느냐?
7 꿈이 많으면 헛된 것이 많
고, 말이 많아도 그러하다. 오
직 너는, 하나님 두려운 줄만
알고 살아라.
8 어느 지방에서든지 가난한
사람을 억압하고, 법과 정의
를 짓밟아도, 너는 그것을 보
고 놀라지 말아라. 높은 사
람 위에 더 높은 이가 있어
서, 그 높은 사람을 감독하고,
그들 위에는 더 높은 이들이
있어서, 그들을 감독한다.
9 한 나라에서 가장 소중한 것
은 왕이다. 왕이 있으므로 백
성은 마음놓고 농사를 짓는
다.

부자가 된들 무엇하랴

10 돈 좋아하는 사람은, 돈
이 아무리 많아도 만족하지
못하고, 부를 좋아하는 사람
은, 아무리 많이 벌어도 만족
하지 못하니, 돈을 많이 버는
것도 헛되다.
11 재산이 많아지면 돈 쓰는

사람도 많아진다. 많은 재산
도 임자에게는 다만 눈요기
에 지나지 않으니, 무슨 소용
이 있는가?
12 적게 먹든지 많이 먹든지,
막일을 하는 사람은 잠을 달
게 자지만, 배가 부른 부자는
잠을 편히 못잔다.
13 나는 세상에서 한 가지 비
참한 일을 보았다. 아끼던
재산이, 그 임자에게 오히려
해를 끼치는 경우가 있다.
14 어떤 사람은 재난을 만나서,
재산을 다 잃는다. 자식을 낳
지만, 그 자식에게 아무것도
남겨 줄 것이 없다.
15 어머니 태에서 맨몸으로 나와
서, 돌아갈 때에도 맨몸으로
간다. 수고해서 얻은 것은 하
나도 가져 가지 못한다.
16 또 한 가지 비참한 일을 보
았다. 사람이 온 그대로 돌아
가니, 바람을 잡으려는 수고
를 한들 무슨 보람이 있는가?
17 평생 어둠 속에서 먹고 지내
며, 온갖 울분과 고생과 분노
에 시달리며 살 뿐이다.
18 그렇다. 우리의 한평생이 짧
고 덧없는 것이지만, 하나님이
우리에게 허락하신 것이니, 세
상에서 애쓰고 수고하여 얻은
것으로 먹고 마시고 즐거워하
는 것이 마땅한 일이요, 좋은
일임을 내가 깨달았다! 이것은
곧 사람이 받은 몫이다.
19 하나님이 사람에게 부와 재산
을 주셔서 누리게 하시며, 정해
진 몫을 받게 하시며, 수고함으
로써 즐거워하게 하신 것이니,
이 모두가 하나님이 사람에게
주신 선물이다.
20 하나님은 이처럼, 사람이 행복
하게 살기를 바라시니, 덧없는
인생살이에 크게 마음 쓸 일이
없다.

6 1 나는 세상에서 또 한 가지,
잘못되고, 억울한 일을 본다.
그것은 참으로 견디기 어려운
것이다.
2 하나님이 어떤 사람에게는 부
와 재산과 명예를 원하는 대
로 다 주시면서도, 그것들을 그
사람이 즐기지 못하게 하시고,
엉뚱한 사람이 즐기게 하시니,
참으로 어처구니가 없는 일이요,
통탄할 일이다.

3 사람이 자녀를 백 명이나
낳고 오랫동안 살았다고 하
자. 그가 아무리 오래 살았다
고 하더라도, 그 재산으로 즐
거움을 누리지도 못하고, 죽은
다음에 제대로 묻히지도 못
한다면, 차라리 태어날 때에
죽어서 나온 아이가 그 사람
보다 더 낫다.
4 태어날 때에 죽어서 나온 아
이는, 뜻없이 왔다가 어둠 속
으로 사라지며, 그 속에서 영
영 잊혀진다.
5 세상을 보지도 못하고, 인생
이 무엇인지 알지도 못한다.
그러나 이 아이는 그 사람보
다 더 편하게 안식을 누리지
않는가!
6 비록 사람이 천 년씩 두 번
을 산다고 해도, 자기 재산으
로 즐거움을 누리지도 못하
면 별 수 없다. 마침내는 둘
다 같은 곳으로 가지 않는가!
7 사람이 먹으려고 수고를
마다하지 않지만, 그 식욕을
채울 길은 없다.
8 슬기로운 사람이 어리석은 사
람보다 나은 것이 무엇인가?
가난한 사람이 세상 살아가
는 법을 안다고 해서, 무슨
소용이 있는가?
9 이것 또한 헛되고, 바람을 잡
으려는 것과 같다. 가지고 있
는 것으로 만족하는 것이, 욕
심에 사로잡혀서 헤매는 것보
다 낫다.
10 지금 있는 것은 무엇이든
지, 이미 오래 전에 생긴 것
이다. 인생이 무엇이라는 것
도 이미 알려진 것이다. 사람
은 자기보다 강한 이와 다툴
수 없다.
11 말이 많으면 빈 말이 많아진
다. 많은 말이 사람에게 무슨
도움을 주는가?
12 그림자처럼 지나가는 짧고 덧
없는 삶을 살아가는 사람에게,
무엇이 좋은지를 누가 알겠는
가? 사람이 죽은 다음에, 세상
에서 일어날 일들을 누가 그에
게 말해 줄 수 있겠는가?

지혜

7 명예가 값비싼 향유보다
더 낫고, 죽는 날이 태어나는
날보다 더 중요하다.
2 초상집에 가는 것이 잔칫집

에 가는 것보다 더 낫다. 살
아 있는 사람은 누구나 죽는
다는 것을 명심하여야 한다.
3 슬픔이 웃음보다 나은 것은,
얼굴을 어둡게 하는 근심이
마음에 유익하기 때문이다.
4 지혜로운 사람의 마음은 초
상집에 가 있고 어리석은 사
람의 마음은 잔칫집에 가 있
다.
5 지혜로운 사람의 책망을 듣
는 것이, 어리석은 사람의 노
래를 듣는 것보다 더 낫다.
6 어리석은 사람의 웃음소리는
가마솥 밑에서 가시나무 타
는 소리와 같다. 이 또한 헛
되다.
7 탐욕은 지혜로운 사람을 어리
석게 만들고, 뇌물은 지혜로
운 사람의 마음을 병들게 한
다.
8 일은 시작할 때보다 끝낼 때
가 더 좋다. 마음은 자만할
때보다 참을 때가 더 낫다.
9 급하게 화내지 말아라. 분노
는 어리석은 사람의 품에 머
무는 것이다.
10 옛날이 지금보다 더 좋은 까
닭이 무엇이냐고 묻지 말아
라. 이런 질문은 지혜롭지 못
하다.
11 지혜는 유산을 받는 것만큼
이나 좋은 것이니, 이 세상에
서 살면서 그 덕을 보기 때
문이다.
12 돈이 사람을 보호하듯, 지혜
도 사람을 보호한다. 그러나
지혜를 깨우쳐 아는 지식이
더 좋은 까닭은, 지혜가 그
사람의 목숨을 살려 주기 때
문이다.
13 하나님이 하시는 일을 생
각해 보아라. 하나님이 구부
려 놓으신 것을 누가 펼 수
있겠는가?
14 좋은 때에는 기뻐하고, 어
려운 때에는 생각하여라. 하
나님은 좋은 때도 있게 하시
고, 나쁜 때도 있게 하신다.
그러기에 사람은 제 앞일을
알지 못한다.
15 헛된 세월을 사는 동안에,
나는 두 가지를 다 보았다.
의롭게 살다가 망하는 의인
이 있는가 하면, 악한 채로
오래 사는 악인도 있더라.

16 그러니 너무 의롭게 살지도
말고, 너무 슬기롭게 살지도
말아라. 왜 스스로를 망치려
하는가?
17 너무 악하게 살지도 말고, 너
무 어리석게 살지도 말아라.
왜 제 명도 다 못 채우고, 죽
으려고 하는가?
18 하나를 붙잡되, 다른 것도 놓
치지 않는 것이 좋다. 하나님
을 두려워하는 사람은 극단
을 피한다.
19 지혜는 슬기로운 한 사람
을, 성읍을 다스리는 통치자
열 명보다 더 강하게 만든
다.
20 좋은 일만 하고 잘못을 전
혀 저지르지 않는 의인은 이
세상에 하나도 없다.
21 남들이 하는 말에 마음을
쓰지 말아라. 자칫하다가는
네 종이 너를 욕하는 것까지
듣게 된다.
22 너 또한 남을 욕한 일이 많
다는 것을 너 스스로 잘 알
고 있다.
23 나는 이 모든 것을 지혜로
시험해 보았다. 내가 "지혜 있
는 사람이 되어야지" 하고
결심해 보았지만, 지혜가 나
를 멀리하더라.
24 지혜라는 것이 무엇인지, 너
무도 멀고 깊으니, 누가 그것
을 알 수 있겠는가?
25 그래도 나는 한 곳으로만
정신을 쏟아 보았다. 지혜가
무엇인지, 사물의 이치가 어
떤 것인지를, 연구하고 조사
하고 이해하려고 하였다. 사
악이 얼마나 어리석은 일이
며, 우매가 얼마나 미친 일인
지를 깨닫는 데에 정신을 쏟
아 보았다.
26 나는 또, 올가미와 같은
여자 마음이 덫과 같고, 손
이 쇠사슬과 같은 여자는 죽
음보다 더 쓰다는 것을 알았
다. 하나님을 기쁘게 해 드리
는 남자는 그런 여자를 피할
수 있지만, 죄인은 그런 여자
에게 걸려들고 말 것이다.
27 보아라, 전도자가 말한다.
내가 깨달은 것은 이것이다.
사물의 이치를 하나하나씩
찾아가는데,
28 아직도 얻지 못하였지만, 다

만 찾으면서 깨달은 것은 오
로지, 천 명 가운데서 남자
하나는 찾을 수 있어도, 천
명 가운데서 여자 하나는 찾
지 못한다는 것이다.
29 그렇다. 다만 내가 깨달은 것
은 이것이다. 하나님은 우리
사람을 평범하고 단순하게
만드셨지만, 우리가 우리 자
신을 복잡하게 만들어 버렸
다는 것이다.

8

1 어떤 사람이 지혜 있는 사
람인가? 사물의 이치를 아는 사
람이 누구인가? 지혜는 사람
의 얼굴을 밝게 하고 굳은
표정을 바꾸어 준다.

왕에게 복종하라

2 나는 권한다. 왕의 명령에 복종
하여라. 그것은 네가 하나님 앞
에서 맹세한 것이기 때문이다.
3 왕이 싫어하는 일은 고집하지
말고, 왕 앞에서는 물러나거라.
왕은 자기 마음대로 할 수 있
는 사람이다.
4 왕의 말이 곧 최고의 법인데,
누가 감히 그에게 "왜 그렇게
하십니까?" 하고 말할 수 있겠
는가?
5 왕의 명령을 지키는 이는 안
전하다. 지혜 있는 사람은
언제 어떻게 그 일을 하여
야 하는지를 안다.
6 우리가 비록 장래 일을 몰라
서 크게 고통을 당한다 해도,
모든 일에는 알맞은 때가 있
고 알맞은 방법이 있다.
7 무슨 일이 일어날지 아무도
모른다. 앞으로 일어날 일을
말하여 줄 수 있는 사람이
누구인가?
8 바람을 다스려 그치게 할 수
있는 사람이 없듯이, 자기가
죽을 날을 피하거나 연기시
킬 수 있는 사람도 없다. 전
쟁이 일어나면 벗어날 사람
이 없듯이, 악은 행악자를 놓
아 주지 않는다.

악한 사람과 올바른 사람

9 나는 이 세상에서 벌어지는 모
든 일을 살펴보다가, 이 세상
에는 권력 쥔 사람 따로 있고,
그들에게 고통받는 사람 따로
있음을 알았다.
10 나는, 악한 사람들이 죽어서 무
덤에 묻히는 것을 보았다. 그런
데 사람들은 장지에서 돌아오

는 길에 그 악한 사람들을 칭
찬한다. 그것도 다른 곳이 아
닌, 바로 그 악한 사람들이 평
소에 악한 일을 하던 바로 그
성읍에서, 사람들은 그들을 칭
찬한다. 이런 것을 보고 듣노라
면 허탈한 마음 가눌 수 없다.
11 사람들은 왜 서슴지 않고 죄를
짓는가? 악한 일을 하는데도
바로 벌이 내리지 않기 때문이
다.
12 악한 사람이 백 번 죄를 지어
도 그는 여전히 살아 있다. 사
람들은 말한다.

"하나님 앞에 경건하게 살
면서 하나님을 두려워하는
사람은 모든 일이 다 잘 되
지만
13 악한 자는 하나님을 두려워
하지 않으니, 그가 하는 일이
잘 될 리 없으며, 사는 날이
그림자 같고 한창 나이에 죽
고 말 것이다."
14 이 세상에서 헛된 일이 벌어
지고 있다. 악한 사람이 받아
야 할 벌을 의인이 받는가 하
면, 의인이 받아야 할 보상을
악인이 받는다. 이것을 보고, 나
어찌 헛되다고 말하지 않을 수
있겠는가?
15 나는 생을 즐기라고 권하고 싶
다. 사람에게, 먹고 마시고 즐
기는 것보다 더 좋은 것이 세
상에 없기 때문이다. 그래야 이
세상에서 일하면서, 하나님께
허락받은 한평생을 사는 동안
에, 언제나 기쁨이 사람과 함
께 있을 것이다.
16 내가 마음을 다하여 지혜가 무
엇인지를 알고자 하였을 때에,
그리고 땅 위에서 밤낮 쉬지도
않고 수고하는 사람의 수고를
살펴보았을 때에,
17 하나님이 하시는 모든 일을 두
고서, 나는 깨달은 바가 있다.
그것은 아무도 이 세상에서 이
루어지는 일을 이해할 수는 없
다는 것이다. 그 뜻을 찾아보려
고 아무리 애를 써도, 사람은
그 뜻을 찾지 못한다. 혹 지혜
있는 사람이 안다고 주장할지
도 모르지만, 그 사람도 정말
그 뜻을 알 수는 없는 것이다.

모두 다 겪은 일

9 나는 이 모든 것을 마음 속
으로 깊이 생각해 보았다. 그

러고서 내가 깨달은 것은, 의
로운 사람들과 지혜로운 사
람들이 하는 일을 하나님이
조종하신다는 것, 그들의 사
랑과 미움까지도 하나님이
조종하신다는 것이다. 사람은
아무도 자기 앞에 놓여 있는
일을 알지 못한다.
2 모두가 같은 운명을 타고
났다. 의인이나 악인이나, 착
한 사람이나 나쁜 사람이나,
깨끗한 사람이나 더러운 사
람이나, 제사를 드리는 사람
이나 드리지 않는 사람이나,
다 같은 운명을 타고 났다.
착한 사람이라고 해서 죄인
보다 나을 것이 없고, 맹세한
사람이라고 해서 맹세하기를
두려워하는 사람보다 나을
것이 없다.
3 모두가 다 같은 운명을 타
고 났다는 것, 이것이 바로
세상에서 벌어지는 모든 잘
못된 일 가운데 하나다. 더욱
이, 사람들은 마음에 사악과
광증을 품고 살다가 결국에
는 죽고 만다.
4 살아 있는 사람에게는, 누구
나 희망이 있다. 비록 개라고
하더라도, 살아 있으면 죽은
사자보다 낫다.
5 살아 있는 사람은, 자기가 죽
을 것을 안다. 그러나 죽은
사람은 아무것도 모른다. 죽
은 사람에게는 더 이상의 보
상이 없다. 사람들은 죽은 이
들을 오래 기억하지 않는다.
6 죽은 이들에게는 이미 사랑
도 미움도 야망도 없다. 세상
에서 일어나는 어떠한 일에
도, 다시 끼어들 자리가 없다.
7 지금은 하나님이 네가 하
는 일을 좋게 보아 주시니, 너
는 가서 즐거이 음식을 먹고,
기쁜 마음으로 포도주를 마셔
라.
8 너는 언제나 옷을 깨끗하게
입고, 머리에는 기름을 발라
라.
9 너의 헛된 모든 날, 하나님이
세상에서 너에게 주신 덧없
는 모든 날에 너는 너의 사
랑하는 아내와 더불어 즐거
움을 누려라. 그것은 네가 사
는 동안에, 세상에서 애쓴 수
고로 받는 몫이다.

10 네가 어떤 일을 하든지, 네
힘을 다해서 하여라. 네가 들
어갈 무덤 속에는, 일도 계획
도 지식도 지혜도 없다.
11 나는 세상에서 또 다른 것
을 보았다.
빠르다고 해서 달리기에서
이기는 것은 아니며, 용사라
고 해서 전쟁에서 이기는 것
도 아니더라. 지혜가 있다고
해서 먹을 것이 생기는 것도
아니며, 총명하다고 해서 재
물을 모으는 것도 아니며, 배
웠다고 해서 늘 잘되는 것도
아니더라. 불행한 때와 재난
은 누구에게나 닥친다.
12 사람은, 그런 때가 언제
자기에게 닥칠지 알지 못한
다. 물고기가 잔인한 그물에
걸리고, 새가 덫에 걸리는 것
처럼, 사람들도 갑자기 덮치
는 악한 때를 피하지 못한
다.

어리석음보다 슬기가 낫다

13 나는 세상에서 지혜로운 사람
이 겪는 일을 보고서, 큰 충격
을 받은 적이 있다.
14 주민이 많지 아니한 작은 성읍
이 있었는데, 한 번은 힘센 왕
이 그 성읍을 공격하였다. 그는
성읍을 에워싸고, 성벽을 무너
뜨릴 준비를 하였다.
15 그 때에 그 성 안에는 한 남
자가 살고 있었는데, 그는 가난
하기는 하지만 지혜로운 사람
이므로, 그의 지혜로 그 성을 구
하였다. 그러나 어느 누구도 그
가난한 사람을 오래 기억하지
않았다.
16 나는 늘 "지혜가 무기보다 낫
다"고 말해 왔지만, 가난한
사람의 지혜가 멸시받는 것
을 보았다. 아무도 가난한 사
람의 말에 더 이상 귀를 기
울이지 않았다.
17 어리석은 통치자의 고함치
는 명령보다는, 차라리 지혜
로운 사람의 조용한 말을 듣
는 것이 더 낫다.
18 지혜가 전쟁무기보다 더 낫
지만, 죄인 하나가 많은 선
한 것을 망칠 수 있다.

10

1 향수에 빠져 죽은 파리
가 향수에서 악취가 나게
하듯이, 변변치 않은 적은 일
하나가 지혜를 가리고 명예

를 더럽힌다.
2 지혜로운 사람의 마음은 옳
은 일 쪽으로 기울고, 어리석
은 사람의 마음은 그릇된 일
쪽으로 기운다.
3 어리석은 자는 길을 갈 때에
도, 생각 없이 자기의 어리석
음을 누구에게나 드러낸다.
4 통치자가 너에게 화를 낼 때
에, 너는 네 자리를 뜨지 말
아라. 침착하면 큰 잘못을
막을 수 있다.
5 내가 세상에서 본 잘못된 일
또 하나는, 역시 통치자에게서
볼 수 있는 크나큰 허물이다.
6 어리석은 사람을 높은 자리에
앉히고, 존귀한 사람을 낮은
자리에 앉히는 것이다.
7 내가 보니, 종은 말을 타고, 상
전은 종처럼 걸어다니는 일이
있더라.
8 구덩이를 파는 자는 거기
에 빠질 수가 있고, 담을 허
무는 자는 뱀에게 물릴 수가
있다.
9 돌을 떠내는 자는 돌에 다칠
수가 있고, 나무를 패는 자는
나무에 다칠 수가 있다.
10 도끼가 무딘데도 그 날을 갈
지 않고 쓰면, 힘이 더 든다.
그러나 지혜는 사람을 성공
하도록 돕는다.
11 뱀을 부리지도 못하고 뱀에
게 물리면, 뱀을 부린다는 그
사람은 쓸 데가 없다.
12 지혜로운 사람은 말을 해
서 덕을 보고, 어리석은 사람
은 제 입으로 한 말 때문에
망한다.
13 어리석은 자의 입에서 나오는
말은, 어리석음으로 시작해서
사악한 광기로 끝난다.
14 그런데도 어리석은 자는 말
을 하고 또 한다. 무슨 일이
일어날지 아는 사람은 없다.
앞으로 일어날 일을 말해 줄
수 있는 사람이 누구인가?
15 제 집으로 가는 길조차 못
찾는 어리석은 자는, 일을 해
도 피곤하기만 하다.
16 왕은 어리고, 대신들은 이
른 아침부터 잔치에 빠져 있
는 나라여, 너는 저주를 받을
것이다.
17 왕은 출신이 고귀하고, 대신
들은 취하려고 해서가 아니

라. 건강을 지키려고 제때에
먹는 나라여, 너는 복을 받을
것이다.
18 게으른 자의 집은 들보가 내
려앉고, 손이 놀면 지붕이 샌
다.
19 잔치는 기뻐하려고 벌이는
것이다. 포도주는 인생을 즐겁
게 하고, 돈은 만사를 해결한
다.
20 마음 속으로라도 왕을 욕하
지 말며, 잠자리에서라도 존
귀한 이를 저주하지 말아라.
하늘을 나는 새가 네 말을
옮기고, 날짐승이 네 소리를
전할 것이다.

슬기로운 삶

11 돈이 있으면, 무역에 투자
하여라. 여러 날 뒤에 너는
이윤을 남길 것이다.
2 이 세상에서 네가 무슨 재난
을 만날지 모르니, 투자할 때
에는 일곱이나 여덟로 나누어
하여라.
3 구름에 물이 가득 차면, 비가
되어서 땅 위로 쏟아지는 법.
나무가 남쪽으로나 북쪽으로
쓰러지면, 어느 쪽으로 쓰러지
든지, 쓰러진 그 곳에 그대로
있는 법.
4 바람이 그치기를 기다리다가
는, 씨를 뿌리지 못한다. 구름
이 걷히기를 기다리다가는,
거두어들이지 못한다.
5 바람이 다니는 길을 네가
모르듯이 임신한 여인의 태
에서 아이의 생명이 어떻게
시작되는지 네가 알 수 없듯
이, 만물의 창조자 하나님이
하시는 일을 너는 알지 못한
다.
6 아침에 씨를 뿌리고, 저녁
에도 부지런히 일하여라. 어
떤 것이 잘 될지, 이것이 잘
될지 저것이 잘 될지, 아니면
둘 다 잘 될지를, 알 수 없기
때문이다.

젊은이에게 주는 충고

7 빛을 보고 산다는 것은 즐
거운 일이다. 해를 보고 산다
는 것은 기쁜 일이다.
8 오래 사는 사람은 그 모
든 날을 즐겁게 살 수 있어
야 한다. 그러나 어두운 날들
이 많을 것이라는 것도 기억
해야 한다. 다가올 모든 것

은 다 헛되다.
9 젊은이여, 젊을 때에, 젊은
날을 즐겨라. 네 마음과 눈이
원하는 길을 따라라. 다만,
네가 하는 이 모든 일에 하
나님의 심판이 있다는 것만
은 알아라.
10 네 마음의 걱정과 육체의
고통을 없애라. 혈기왕성한
청춘은 덧없이 지나가기 때
문이다.

12 1 젊을 때에 너는 너의 창
조주를 기억하여라. 고생스러
운 날들이 오고, 사는 것이 즐
겁지 않다고 할 나이가 되기
전에,
2 해와 빛과 달과 별들이 어두
워지기 전에, 먹구름이 곧 비
를 몰고 오기 전에, 그렇게
하여라.
3 그 때가 되면, 너를 보호하는
팔이 떨리고, 정정하던 두
다리가 약해지고, 이는 빠져
서 씹지도 못하고, 눈은 침침
해져서 보는 것마저 힘겹고,
4 귀는 먹어 바깥에서 나는 소
리도 못 듣고, 맷돌질 소리도
희미해지고, 새들이 지저귀는
노랫소리도 하나도 들리지 않
을 것이다.
5 높은 곳에는 무서워서 올
라가지도 못하고, 넘어질세라
걷는 것마저도 무서워질 것
이다. 검은 머리가 파뿌리가
되고, 원기가 떨어져서 보약
을 먹어도 효력이 없을 것이
다.
사람이 영원히 쉴 곳으로
가는 날, 길거리에는 조객들
이 오간다.
6 은사슬이 끊어지고, 금그릇이
부서지고, 샘에서 물 뜨는 물
동이가 깨지고, 우물에서 도르
래가 부숴지기 전에, 네 창조
주를 기억하여라.
7 육체가 원래 왔던 흙으로 돌
아가고, 숨이 그것을 주신 하
나님께로 돌아가기 전에, 네
창조주를 기억하여라.
8 전도자가 말한다. 헛되고
헛되다. 모든 것이 헛되다.

결론

9 전도자는 지혜로운 사람이기에,
백성에게 자기가 아는 지식을
가르쳤다. 그는 많은 잠언을 찾
아내서, 연구하고 정리하였다.

10 전도자는 기쁨을 주는 말을 찾
으려고 힘썼으며, 참되게 사는
길을 가르치는 말을 찾으면 그
것을 바르게 적어 놓았다.
11 지혜로운 사람의 말은 찌르는
채찍 같고, 수집된 잠언은 잘
박힌 못과 같다. 이 모든 것은
모두 한 목자가 준 것이다.
12 한 마디만 더 하마. 나의 아
이들아, 조심하여라.
책은 아무리 읽어도 끝이
없고, 공부만 하는 것은 몸을
피곤하게 한다.
13 할 말은 다 하였다. 결론은
이것이다.
"하나님을 두려워하여라.
그분이 주신 계명을 지켜라.
이것이 바로 사람이 해야 할
의무다.
14 하나님은 모든 행위를 심판
하신다. 선한 것이든 악한 것
이든 모든 은밀한 일을 다
심판하신다."

새번역 필글씨

쓰기성경®

잠언 · 전도서

2020년 12월 31일 1판 1쇄 발행

발 행 인 곽 성 종
발 행 처 (주)아 가 페 출 판 사
등록번호 제21-754호(1995. 4. 12)
주 소 서울시 서초구 효령로8길 5 (방배동)
전 화 (02)584-4669

아가페 출판사

필사&쓰기성경® 전용펜 장점

1. 잉크의 뭉침(볼펜 똥)이나 이물질이 없어 깨끗하게 쓸 수 있습니다.
2. 쓸수록 종이가 부풀어 오르는 것을 방지합니다.
3. 오랫동안 보관 시에도 종이가 서로 붙지 않습니다.
4. 물기로부터 글자가 훼손되는 것을 막아줍니다.

* 예수님 말씀은 빨간색 펜을 사용하세요.

일반용

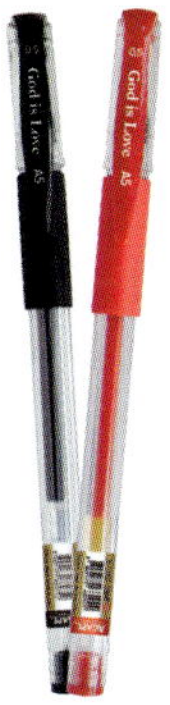

일반 필사&쓰기성경 전용펜 A5(검정/빨강) **800원**

일반 필사&쓰기성경 전용펜 A5(검정/빨강) (1박스/12개) **9,600원**

중용량

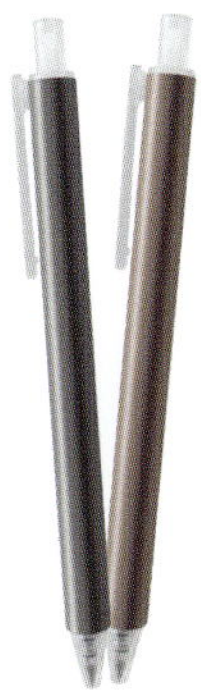

오피스펜 200 PLUS (검정) (그레이/골드) **1,500원**

오피스펜 200 PLUS (검정) (그레이/골드)(1박스/10개) **15,000원**

중용량

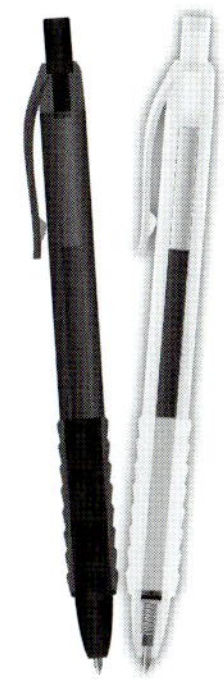

필사&쓰기 전용펜 (고급) (블랙/투명) **1,600원**

필사&쓰기 전용펜 (고급) (블랙/투명)(1박스/12개) **19,200원**

대용량

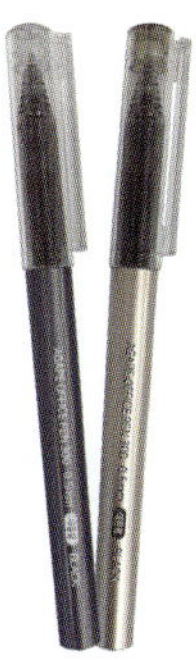

대용량 필사&쓰기성경전용 오피스펜 300 (그레이/골드) **1,800원**

대용량 필사&쓰기성경전용 오피스펜 300 (그레이/골드)(1박스/10개) **18,000원**

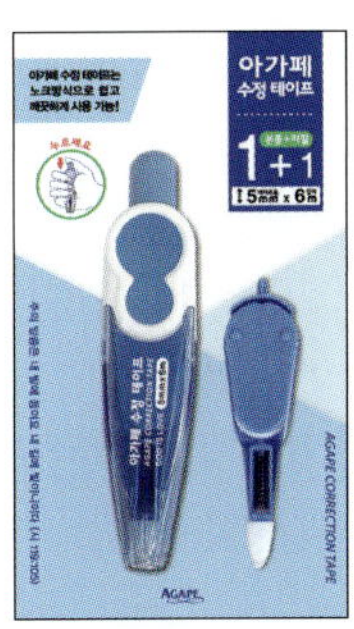

아가페 수정 테이프 (본품+리필) (블루) **3,000원**

아가페 수정 테이프 (본품+리필) (핑크) **3,000원**

* 쓰기성경 전용펜과 수정 테이프를 같이 사용하시면 좋습니다.

* 가격은 변동될 수 있습니다.

AGAPE
[주]아가페출판사

새번역 밑글씨 쓰기성경®

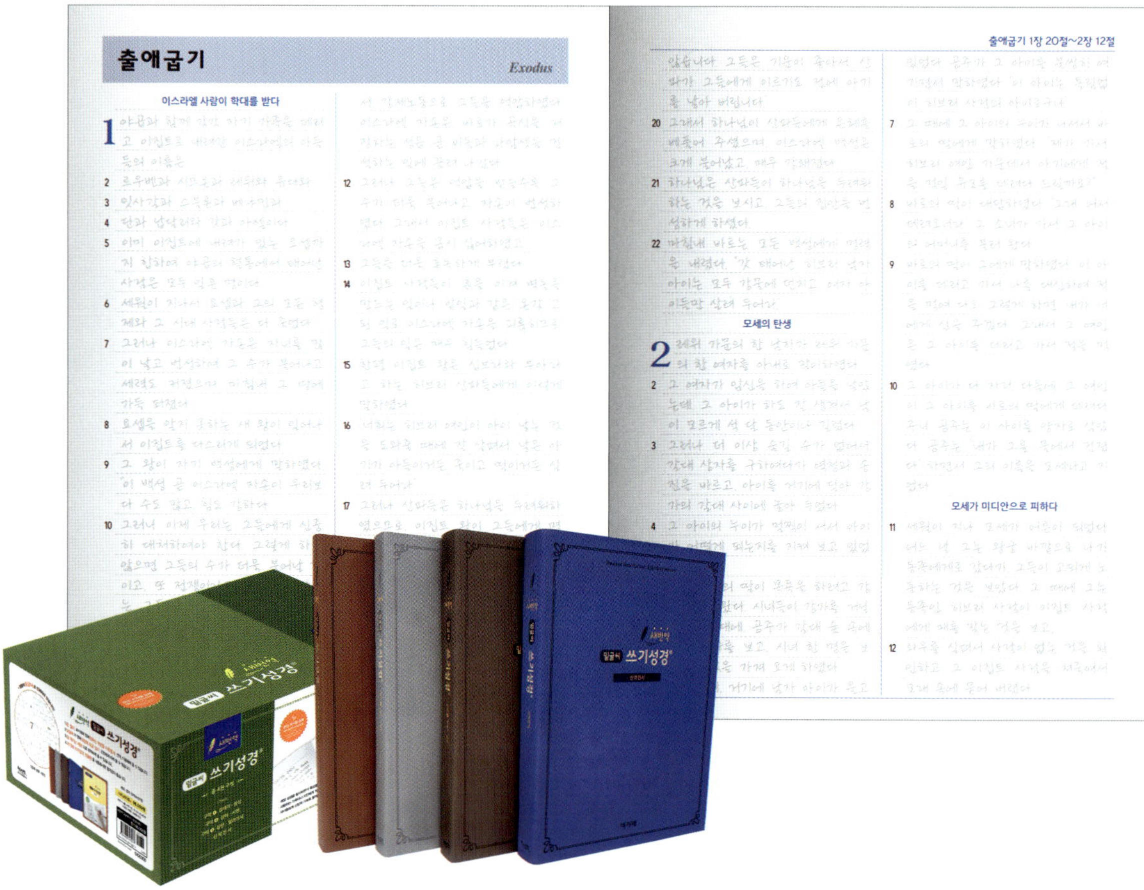

세트 정가 (구약+신약) : ~~100,000원~~ → 95,000원		
낱권 정가	구약 ❶, ❷, ❸권	각 권 25,000원
	신약	

※교회 단체 구매도 가능합니다.

※ 인터넷 서점 및 전국 기독교 서점에서 구매하실 수 있습니다.